本书为国家社会科学基金教育学一般课题
"共享发展理念下自闭症学生职业教育的创新研究"(BHA180230)项目成果

自闭症学生职业教育创新实践研究

张 慧 —— 著

autistic students

Research on innovative practices in
vocational education for autistic students

ZHEJIANG UNIVERSITY PRESS
浙江大学出版社
·杭州·

图书在版编目（CIP）数据

自闭症学生职业教育创新实践研究 / 张慧著.

杭州：浙江大学出版社，2025.2. -- ISBN 978-7-308
-25868-5

Ⅰ.G766

中国国家版本馆 CIP 数据核字第 2025WM0219 号

自闭症学生职业教育创新实践研究
张　慧　著

策划编辑	吴伟伟	
责任编辑	蔡圆圆	
责任校对	许艺涛	
封面设计	雷建军	
出版发行	浙江大学出版社	
	（杭州市天目山路 148 号　邮政编码 310007）	
	（网址：http://www.zjupress.com）	
排　　版	浙江大千时代文化传媒有限公司	
印　　刷	杭州高腾印务有限公司	
开　　本	710mm×1000mm　1/16	
印　　张	11.75	
字　　数	162 千	
版 印 次	2025 年 2 月第 1 版　2025 年 2 月第 1 次印刷	
书　　号	ISBN 978-7-308-25868-5	
定　　价	68.00 元	

残疾人职业教育作为向各类残疾人传授从事某种生产或工作所需职业知识和技能的教育形式,有助于改善残疾人的就业状况,对帮助残疾人迈向共同富裕,都有着重大意义。

2017年修订的《残疾人教育条例》从招生、办学、课程等方面对残疾人职业教育作出具体要求,明确支持"残疾人职业教育应当大力发展中等职业教育,加快发展高等职业教育,积极开展以实用技术为主的中期、短期培训,以提高就业能力为主,培养技术技能人才,并加强对残疾学生的就业指导"。2018年颁布的《关于加快发展残疾人职业教育的若干意见》,对残疾人职业教育的发展提出了明确的要求和解决措施。根据《残疾人职业技能提升计划(2016—2020年)》的部署,我国目前初步形成了"加强组织领导、加大政策落实力度、加强培训监管和评估考核、加强就业服务和权益保障、加强基础能力建设、加强舆论宣传"的残疾人职业技能提升保障措施,使我国残疾人职业教育支持保障体系不断向层次化、社会化、多元化方向迈进。

自闭症儿童作为"特殊儿童之王",其职业教育难题的破解对于我国特殊儿童职业教育质量提升具有重要的启迪和象征意义。我国自闭症青少年需要全生命周期的职业教育,但目前存在的职业教育断层,使多数自闭症学生在完成义务教育之后就封闭在家。然而在职业训练和劳动中实现个体的自我发展,获得生命的尊严感和价值感,是自闭症青少年持续成长的内在动力。随着儿童年龄的增长,大龄自闭症的增多已经成为常态,大龄自闭症群体的职业培训、择业、就业问题的解决已到了迫在眉睫、刻不容缓的地步,这也进一步引发了关于自闭症职业教育、社区教育的研究热潮。自闭症群体不仅需要早期康复治疗和慈善公益的投入与支持,还需要"授之以渔",让他们成年后融入社会,并使其在力所能及的范围内做到自力更生、安身立命,获得有尊严的生活。在确保残疾人能够平等参与社会生活、共享社会文明发展成果,促进社会和谐的共享发展理念的指引下,自闭症学生有接受职业教育、共享职业教育发展成果的权利。对其开展职业教育,有利于更好地帮助该群体实现人生价值,促进社会稳定和经济发展。因此,探讨自闭症学生职业教育创新实践模式,提升其就业能力,促使他们脱贫,成为近年来国内外关注的新的重要课题。故此,笔者趁着承担国家社会科学基金教育学一般课题"共享发展理念下自闭症学生职业教育的创新研究"(BHA180230)之际,对本人所在学校从2018年至今的自闭症学生职业教育探索进行了系统梳理,以"自闭症学生职业教育创新实践研究"为主题,尝试对本校自闭症学生职业教育创新实践研究进行总结和反思,得出了一些比较具普遍性的结论。为了将这些结论系统地展示出来,引起国内学界对自闭症学生职业教育问题的关注和科学审视,特撰写了本书。

本书共有八章。

第一章绪论。主要包含四部分主要内容:首先,从政策、社会和残疾人三个方面阐述了本书研究的缘起;其次,对国内外研究文献进行梳理,为研究提供先期的文献支持;再次,明确了研究的对象和目的;最后,明确了本书研究的核心概念、研究思路及方法。

第二章残疾人职业教育研究现状。主要从职业教育研究、残疾人职业教育研究、自闭症职业教育研究出发,在梳理自闭症职业教育创新实践教学的合理性和迫切性的基础上,为后续研究提供文献支持。

第三章自闭症职业教育的理论基础。主要从四个方面的理论,即生态发展理论、社会支持理论、社会伙伴关系理论、情境教学理论展开论述。每个具体的理论部分,分别从概述、主要内容、在自闭症学生职业教育中的应用三个方面展开陈述。

第四章自闭症学生职业教育创新模式的构建。主要在结合南京市秦淮特殊教育学校学生发展差异与市场需求的基础上,尝试对自闭症学生职业教育模式进行创新与构建。首先,阐述了本校校本课程开发的配置与理念;其次,对校本课程开发的基本原则进行阐释,并对校本课程模块进行严密划分;再次,对校本课程的实施进行动态监控,以此为修改与完善提供实践证明;最后,对多元化职业教育校本课程学习的评价机制进行科学建构。

第五章"双业一体"课程模式的建构及实践。主要结合南京市秦淮特殊教育学校在自闭症学生职业教育方面的特色创业实践教学模式"双业一体"展开具体的论述。运用文献分析法和个案研究法对"双业一体"课程模式的建构和实践情况进行研究,找出该模式目前存在的问题,并结合具体实际提出相应改进建议。

第六章"三方关注"校本教材开发的职业教育实践。依据文献和南京市秦淮特殊教育学校的教学实践,依据校本教材编写的教学目标、内容结构、知识框架、专业课程需求、教材内容组织、课时安排、校本教材实施与评价等要点进行具体分析,为编写出自闭症学生职业教育校本教材提供先期研究支持。

第七章创新支持性就业服务模式的自闭症职业教育实践。主要结合文献和南京市秦淮特殊教育学校教学实践,从支持性就业的相关社会资源、自闭症的职业技能培训、自闭症就业的社会接纳程度三个层面展开论述,以期为自闭症学生支持性教育提供对策建议。

第八章自闭症学生职业教育创新模式的问题与对策。主要针对本书第五到第七章的实证研究进行重点归纳和总结。重点从自闭症学生的适应性发展、为高素质特教教师群体形成提供有力支撑、建立一个中心机构、扩大学校特殊教育办学影响力等方面,整合归纳南京市秦淮特殊教育学校近年来自闭症学生职业教育创新模式取得的成绩,同时指出目前存在自闭症学生个体差异大、就业需求复杂、社会资源整合困难等问题。从自闭症学生职业素养的优势与不足、社会对自闭症的关注度和整个社会背景的支撑度等方面分析其影响因素,并提出了完善自闭症学生职业教育创新模式的对策建议。

CONTENTS **目 录**

第五章　"双业一体"课程模式的建构及实践

第六章　"三方关注"校本教材开发的职业教育实践

第七章　创新支持性就业服务模式的自闭症职业教育实践

第八章　自闭症学生职业教育创新模式的问题与对策

第一章 绪 论

"我的孩子上到18岁,然后呢?18岁以后,学校会安排就业吗?""孩子大了,越大越难"是所有自闭症孩子家长的深切感受。自闭症职业教育和就业领域的障碍重重,导致自闭症儿童早期康复成果削减,家庭可持续发展难以为继,自闭症孩子未来何去何从,是让每一位家长时刻记挂的问题。面对这样的问题,教师们心情复杂,心里充满了担忧。大多学校目前还没有开展职业教育,没有相应的企业资源,孩子在学校主要是接受文化课和生活自理的教育训练,九年义务教育完成后,孩子大多回归家庭。如果这些孩子能够从小接受职业技能培训,接受适合他们的职业训练,想必家长就不会那么迷茫了吧,我们的教育成果也会更加有意义吧。——摘自一位特教教师的语录

第一节 研究缘起

2012年,我国进入中国特色社会主义新时代。党的十八大提出"努力办好人民满意的教育,推动实现更高质量的就业",将残疾人共同富裕纳入议题。为办好特殊教育,满足人们对教育的高质量需求,职业教育的开展与落实成为保障残疾人教育公平、提升残疾人生活质量的重要基础。

一、国家政策对残疾人职业教育日益重视

近年来,党中央、国务院高度重视残疾人职业教育的发展。2014年《现代职业教育体系建设规划(2014—2020年)》及《国务院关于加快发展现代职

业教育的决定》从职业教育的角度认可了残疾人职业教育不可或缺的地位。2015 年国务院出台的《关于加快推进残疾人小康进程的意见》提出要"完善残疾人基本公共服务体系","着力提升残疾人基本公共服务水平",强化对残疾人等特殊贫困人口的精准帮扶,加强残疾人职业教育政策支持功能,争取将职业教育纳入高中教育重点。2016 年发布的《残疾人职业技能提升计划（2016—2020）》作为专项政策文件更加强调残疾人职业教育的重要性,将加强残疾人职业教育的任务分配到机构,政府对残疾人职业教育的指导逐渐细化。《残疾人教育条例》为包括残疾人职业教育在内的残疾人教育体系建设提供了依据。该条例完善了我国残疾人职业教育体系,建立我国以提高就业能力为核心诉求、以中等职业教育为主、包含高等职业教育及中短期职业培训的残疾人职业教育体系,并规定残疾人职业教育由特殊职业教育机构与普通职业教育机构共同提供。随后,2018 年,教育部等四部门联合发文《关于加快发展残疾人职业教育的若干意见》,明确提出"大力发展以职业教育为主的残疾人高中阶段教育""加强残疾人职业培训,提高就业创业能力""鼓励有条件的地区试点建设孤独症儿童少年特殊教育学校（部）"。该文件作为首个针对残疾人职业教育发展的文件,高度强调了残疾人职业教育在残疾人生存与发展中的重要作用,并要求改善办学条件,提升教学质量。紧接着,2021 年国务院印发的《"十四五"残疾人保障和发展规划》提出"提升残疾人职业素质和就业创业能力"的目标,要求健全残疾人关爱服务体系,支持特殊教育学校与普通职业院校联合开展残疾人职业教育,鼓励创办残疾人中等职业学校,要求制订实施新的残疾人职业技能提升计划,要求提升职业技能培训的普及性,同时给予农村残疾人特殊照顾。[①] 在国家政策的引领下,各地依据党中央、国务院的决策部署,认真落实相关政策文件,使得残疾人职业教育得到较快发展,残疾人职业教育机会增多,教育质量得以提升,但办学水平偏低、师资力量薄弱、布局不合理等问题依然突出。

---

① 李雯钰,罗筑华.我国残疾人职业教育政策的历史透视、逻辑探寻与改进空间[J].残疾人研究,2022(2):63-71.

2021 年 1 月 29 日,《美国自闭症 2020 年报告数据》出炉,每 54 个美国儿童中就有一人患有自闭症。《中国自闭症教育康复行业发展状况报告》显示,我国自闭症儿童的发病率约为 1/100,据此可推算出我国约有 1000 万自闭症者,0—14 岁的自闭症儿童数量在 200 万人左右,14 岁以上的自闭症者约为 800 万人,自闭症者数量如此庞大,其职业教育问题亟需解决。① 全国人大代表刘艳在 2021 年十三届全国人大四次会议中将视角聚焦于从学校走出来的自闭症儿童如何适应社会、融入社会,如何在一定的社会接纳度下,自食其力地生活、生存。她提出,目前随班就读政策仅限于义务教育阶段,中等职业教育、高等职业教育对于自闭症群体几近空白。针对这一问题,应建立自闭症特殊职业教育体系,不仅要完善顶层设计,梳理现有政策与体系,完善相关政策法规,还应集合医疗、教育、残联、民政等多部门的力量,一起研究制定关于大龄自闭症群体的特殊职业教育教学体系,开设自闭症相关专业课程。自闭症群体的政策颁布多在特殊教育政策、残疾人政策的发布后提出,而关于自闭症群体政策的单独完善也应该引起政府部门的及时关注。

二、培智学校的转型是可持续发展的关键

职业教育是培养青年或成人独立生活和适应发展的关键,是特殊青少年从学校毕业过渡到社会的重要形式。接受职业教育可以增加特殊人士的就业率,自闭症学生参与职业教育活动,可以改善他们的行为习惯,提高生活适应能力。随着残疾儿童和青少年对职业教育需求的日益增加,国家提出要着力发展以职业教育为主的高中阶段特殊教育,支持普通职业学校和普通高中接收残疾学生随班就读,推动特殊教育学校增设职教部,鼓励普通中等职业学校增设特教部,到 2025 年实现每个地级市或有条件的县市都有一个残疾人中等职业教育班,至少办好一所残疾人中等职业学校和盲、聋高中(部)。自闭症学生主要安置在特殊教育学校的培智班级或培智学校,较少有专门针对自闭症学生单独开班或建校的。当前主要是基于培智学校对智力障碍儿

---

① 五彩鹿儿童行为矫正中心.中国自闭症教育康复行业发展状况报告[M].北京:北京师范大学出版社,2015:22-23.

童开展职业教育讨论,强调其职业教育与就业形势依旧艰难。在职业教育方面存在学校教育与学生未来社会生活需求相分离、专业指导人员匮乏、家长态度摇摆不定等问题。① 在就业形势方面存在就业层次低、收入水平不高、发展不平衡、专职就业服务机构不多及学生就业能力不足等问题,尚未单独对自闭症学生开展职业教育。2012 年,中国研究院发布的《中国自闭症儿童现状分析报告》显示,上学就业、安置及养护问题是 14 周岁后自闭症青少年在需求方面最迫切需要得到解决的问题。政府扶持政策空白、养护机构断档、缺乏相关的就业技能培训、没有单位愿意接收等问题,使得自闭症儿童被圈养在家中,职业教育与就业问题更加严峻。② 学校是学生接受教育的主要环境与主体,对于自闭症学生而言,其在学校接受的高质量职前培训与实习机会是自闭症学生未来能够顺利就业的重要因素。目前多数特殊教育学校职业教育发展空间有限、师资力量不足、缺少可借鉴模式及外界资源支持,导致学校作为关键主体缺位,自闭症学生缺少学习与就业相关的技能与知识的机会,仍以学习文化课知识为主。在就业衔接阶段,如果学校能够在求职、社会技能培训和工作安置等方面提供适当的就业转衔支持,自闭症学生毕业后将会获得更好的就业结果。③ 学校的办学体制、课程设置、课程内容的选择均是特殊学生支持系统中的核心,因此,无论是特殊教育学校还是培智学校抑或是普通职业学校,都应该基于国家政策进行转型以实现可持续发展,真正落实自闭症学生的生态化理论创建,发挥学校的主体性作用,担负起职业教育核心骨干的责任。

---

① 赵菊.支持式职业教育背景下智力障碍学生就业问题研究[D].大连:辽宁师范大学,2015.

② 张瀚文.培智学校职业教育与学生就业问题的研究[J].劳动保障世界,2019(21):20-21,23.

③ Cimera R E, Burgess S, Wiley A. Does providing transition services early enable students with ASD to achieve better vocational outcomes as adults? [J]. Research and Practice for Persons with Severe Disabilities,2013,38(2):88-93.

三、自闭症学生家庭对高质量职业教育的诉求

自闭症学生家庭存在一种长期压力,这种压力可能会造成家庭系统的失衡,进而在家长身心健康及家庭的经济需求、角色关系、休闲活动、社交范围等层面造成消极影响。因自闭症个体的特殊需求,家庭成员往往面临更多的考验,家长必须投入更多的时间与精力关照自闭症孩子,导致家长承受高强度的身心压力,进而影响家庭生活质量和自身健康,产生负向循环。而且在一个家长需要全身心照顾自闭症孩子的情况下,家中的经济压力也会随之上升。自闭症学生家长容易产生沮丧和挫折的悲观感受,对自我角色产生怀疑和否定,产生自身价值感不足的问题,影响亲子互动质量,导致亲子互动失调。[①] 对自闭症孩子的特殊需求提供额外照顾,家庭的休闲活动会受到进一步限制,导致家庭成员拥有较少的时间和其他亲友相聚或从事社交活动,同时由于自闭症孩子在言行举止方面明显异于健全孩子,顾及家人面子,自闭症家庭也会自发缩小自己的社交圈。除上述自闭症群体家庭所受到的影响以外,随着大龄自闭症者越来越多,关于自闭症青少年未来的就业及生活应该如何展开的困扰使得家长的担忧与精神压力更重。当前国内对自闭症的干预和支持服务主要集中在儿童期,对青少年时期及之后的阶段所提供的服务很少。深圳市自闭症研究会的调查报告显示,94%的自闭症个体家长非常忧虑孩子未来的生活、就业及安置问题。[②] 目前国内对自闭症青少年的就业支持有限,自闭症个体的就业情况非常不乐观。上海市精神疾病亲友协会孤独症工作委员会调查显示,目前上海市 18 岁以上的自闭症个体成功全职就业的只有 1 名,以各种形式参与兼职或实习工作的自闭症个体不超过 10 名,能够偶尔参与社会活动的在 40 名左右,更多的自闭症个体从学校毕业后即失去了与社会接触的机会,更不用说参与就业。因此,自闭症群体的就业需

---

① 林佳萱.逆境中的微笑——一位多重障碍儿童母亲的转化经验[D].高雄:高雄师范大学,2016.

② 深圳市自闭症研究会.中国自闭症人士服务现状调查·华南地区[M].北京:华夏出版社,2013:61.

求、职业教育既是当前各方关注的焦点,更是自闭症学生家长的迫切诉求。自闭症学生在社会接纳、安置现状、未来生活等方面均处于不理想的状态,使得家长长期处在巨大的精神压力之下,感受到孤独与不安。众多家长希望学校能针对自闭症学生开展高质量的职业教育,使学生掌握一门技能,提升其生活自理能力,帮助自闭症学生建立良好的人际关系,得到社会的接纳与认可。因此,自闭症学生的职业教育不仅是其个人终身发展的需求,也是家长内心的一份寄托。

四、自闭症学生个体终身发展的价值需求

如前言所述,我国自闭症青少年需要全生命周期的康复教育,但目前存在的职业教育断层,使多数自闭症学生在义务教育之后就封闭在家。在职业训练和劳动中实现个体的自我发展,获得生命的尊严感和价值感,是自闭症青少年持续成长的内在动力。随着儿童年龄的增长,大龄自闭症者的增多已经成为常态,大龄自闭症群体的职业培训、择业、就业问题的解决已经到了迫在眉睫、刻不容缓的地步,也进一步引发了关于自闭症职业教育、社区教育的研究热潮。[①] 自闭症群体不仅需要早期康复治疗和慈善公益的投入与支持,还需要"授之以渔",好让他们在成年后融入社会,并使其在力所能及的范围内做到自力更生、安身立命,获得有尊严的生活。在共享发展理念的指引下,自闭症学生有接受职业教育、共享职业教育发展成果的权利。对其开展职业教育,有利于更好地帮助该群体实现人生价值,促进社会稳定和经济发展。自闭症学生不应该成为慈善模式的被动接受者,他们的获得感、幸福感不仅源于对发展成果的共享,更源于参与共建过程体现出来的价值实现。这一过程不是一蹴而就的,自闭症群体的教育和康复是世界范围内公认的难点和痛点问题,它不仅仅是教育领域的问题,或一个简单的民生问题,而是社会问题的集中体现。想解决好这一难题,除了教育领域要做好自己分内的工作,更需要在全社会营造人人参与、人人尽力、人人享有的良好环境,接受他们的存

---

① 郑晓安,柳金菊,徐睿,等. 大龄自闭症儿童社区沟通训练的研究——以 W 市"美好家园"为例[J]. 现代特殊教育,2015(14):52-57.

在,接受他们本来的生活方式,为自闭症群体融入社会打开入口与通道,为其获得更好的发展提供高水平的服务和支持。开展自闭症学生职业教育研究,构建适合的课程与教学体系,最大限度地发挥自闭症学生的个人潜力,最大限度地减少障碍,是当前实现自闭症学生个体终身发展的关键。

综上所述,我国自闭症学生的职业教育起步晚、相关研究经验少,国家层面尚未出台有针对性的指导文件及专门的保障政策。当前培智学校职业教育观念急需转变,学校教育急需转型,为保障可持续专业化发展,需要明确职业教育不是简单的技能培养,需要开发适合自闭症学生的职业教育教学方案及相关课程资源。当前缺乏自闭症学生从"学校人"走向"社会人"的相关支持系统,如自闭症学生教育、康复的专业师资普遍比较缺乏,社会大众对自闭症群体的认识和接纳度还有待提高。为丰富与创新当前我国特殊教育学校职业教育理念,真正促进自闭症学生更好地融入社会,提高其生活质量,进行自闭症学生职业教育创新实践研究十分必要。

第二节 国内外研究现状

查阅国内外关于自闭症职业教育的相关文献,发现研究主要体现在自闭症学生职业技能培训研究、自闭症学生课程教学模式研究、自闭症学生就业支持研究三方面。

一、自闭症学生职业技能培训研究

就业不仅可以改善自闭症个体的综合生活质量、提升人格尊严、建立认知技能,还可以帮助自闭症学生融入社区、获得稳定收益、变得更加自信。职业技能培训可以帮助自闭症学生掌握某项技能,为其实现就业做必要的技术准备。自闭症的全生命周期视角以社会支持的方式进行干预,包括早期诊断—早期干预—幼儿教育—教学—职业培训准备—就业—养老。早期康复训练对自闭症儿童的认知及社会功能改善具有较大帮助,但到了就业阶段,自闭症学生如果尚未掌握一定的职业技能,也难以实现有效就业。自闭症学生的职业技能主要包括就业前职业技能及就业岗位工作任务学习职业技能两方面。由于自闭症学生个体间差异较大,需要借助多元干预帮助其掌握相关职业技能。

多数学者认为自闭症是缺陷性障碍。缺陷性障碍主要体现在大多数自闭症学生表现出反应迟钝,缺乏对物体的指向和集中能力,注意的组织和维持差,难以产生共同注意力。[①] 自闭症学生可能会由于语言和非语言的表达能力及情绪认知上的障碍无法积极主动地表达自己的情绪,常出现尖叫、苦恼、重复话语、情绪易暴易怒等情况。[②] 自闭症学生难以理解他人观点、识别他人交际意图及处理复杂的社交问题而产生社交能力障碍。[③] 这不仅会影响工作效率及公司效益,还有可能为企业及雇主带来风险。而其优势主要体现在自闭症学生的机械记忆力和识别能力基本没有受损,常将信息以整块的形式记忆下来,部分学生的记忆力具有长期性和高准确度;对细节有较强的关注、专注力,能够较好地完成对于其他员工来说较为枯燥的任务;在视觉领域具有优势。此外,他们还极有可能表现出可靠、公正、友善和热爱学习的个性和性格优势,成为工作环境中受人喜爱的成员。因为自闭症学生语言和认知能力、情绪稳定性、社会沟通能力等较听障、视障及智障学生有明显差异,导致其在所有障碍学生中就业比例最低。因此,对于自闭症学生的优势与不足开展职业技能培训应扬长避短,充分发挥其各方面优势,培养其最必要的就业能力,而非完全补偿。

首先,利用学生整体记忆优势。教师给自闭症学生教学时,要注意固定教学时间、教学场所,不能随意变换。其次,利用学生视觉优势。自闭症学生在抽象语言、概念的理解上有困难,以语言为主的讲解法、示范法对于自闭症学生的学习困难度较高,但是以空间视觉为主的教学,如图片提示策略、视频

---

① 方俊明.特殊教育学[M].北京:人民教育出版社,2005:297.

② 蔡雅娟.3—6岁自闭症儿童情绪表达的实验研究[D].北京:北京师范大学,2011.

③ 秦铭培,任桂琴,杜增敏,等.自闭症谱系障碍者心理理论的研究进展[J].中国特殊教育,2020(2):49-56.

教学则可以有效避免这一缺陷,帮助其更好地习得知识与技能。[①] 研究表明,示范、指导、演练和反馈行为技能训练可以有效改善自闭症学生的工作技能和工作态度,对其工作技能的习得具有立即、维持和泛化的学习成效。结合录像带示范,呈现整体性操作及重难点部分,符合自闭症学生的视觉学习偏好;借助录像示范并给予口头指导,节省教学时间及成本,避免因示范者示范不一致而影响自闭症学生的学习效率。[②] 最后,借助行为干预,改善自闭症学生的社交沟通、组织情况和日常生活。有效的干预程序包括:视频示范、场景示范、教学同等功能的替代行为、自我管理、塑造、强化和视频反馈。需要注意工作场合中的社交沟通训练,包括目标社交沟通技能的选择、在具体场景中开展沟通的技能指导等。[③]

二、自闭症学生课程教学模式研究

目前自闭症学生群体职业教育相关研究较少,可能与其就业率低、就业更加困难有关。由于自闭症的患病率逐年上升,培智学校中的自闭症学生所占比例逐年提高,作为就业中的弱势群体,其工作模式更为特殊,需要为其提供更多的支持。但是只针对自闭症群体的职业教育模式较少,多将自闭症职业教育融入残疾人职业教育模式中开展。

(一)国外残疾人职业教育模式

多数国家一般先开展政策制定,再进行实践探索,将残疾学生的职业教育发展列入国家计划,并出台相关法律保障残疾人职业教育的进行。在实践探索上,国外通常会建立一套适合本国国情的、相对成熟完善的职业教育模式,如德国"双元制"职教模式、日本专业导向职教模式、美国社区学院职教模

---

① Lal R, & Shahane A. TEACCH intervention for autism [J]. Autism Spectrum Disorders—From Genes to Environment,2011(9):168-192.
② 蒲云欢.自闭症青少年工作态度与工作技能的干预研究[D].重庆:重庆师范大学,2018.
③ Koegel R L,Koegel L K.自闭症的实证干预——关键反应训练[M].赵雪莲,译.北京:中国轻工业出版社,2020:280-293.

式、澳大利亚 TAFE 职教模式等。

第一,德国"双元制"职教模式,指在与时俱进的前提下,职业教育中政府与企业、学校与企业合作培养市场所需专业技术人才的双元组织形式。[①] 该模式以培养符合行业和市场实际需要的技术技能型人才为依据和指引,对专业设置与课程结构予以灵活调整。[②] 专业设置依据人才市场、校企合作和技术进步动态调整这三种方式来进行安排;课程结构依靠最新科技的发展,将最前沿的科技成就与工艺成果和专业特色紧密结合,最终形成标准化课程体系。[③] 德国"双元制"职教模式的总体目标是提供广泛的基础职业培训及从事技术工人职业所需资格的能力培训。其最大的特色是由理论和实训部分共同组成,强调学习者对职业基本理论知识和实践技能的精准掌握[④],在此基础上,最终成为从事一线生产的应用型工程师或者一线管理的企业型工程师。

第二,日本专业导向职教模式,指在职业教育专业理论课够用的情况下,大幅增加面向职业岗位的实践技能课程比重。[⑤] 例如,日本筑波技术短期大学注重校企合作、能力本位,学校发挥其毗邻筑波科学技术城的地理优势,与松下、东芝、日立、三菱等知名品牌企业建立稳定长久的合作,校企双方共同为残障者提供具有较强针对性的专业技能培训,在育人质量得到保障的前提

---

① 蔡跃.德国特殊人群的双元制职业教育现状简析[J].中国职业技术教育,2010(6):33-35.

② Hummelsheim S, & Baur M. The German dual system of initial vocational education and training and its potential for transfer to Asia[J]. Prospects,2014,44(2):279-296.

③ Herkner V. Grundzüge der Genese und Entwicklung einer korporatistischen Ordnung on Ausbildungsberufen[J]. Berufsbildung in Wissenschaft und Praxis,2013,42(3):16-19.

④ Fürstenau B, Pilz M, & Gonon P. International Handbook of Research in Professional and Practice-based Learning[M]. New York & London:Springer,2014:427-460.

⑤ 徐赛华,王得义.以职业岗位为导向,构建残疾人高等职业教育课程体系[J].大家,2012(6):329.

下与市场接轨,培养一线技术技能型人才。同时,在课程设置中,理论类的课程主要"够用"即可,多数内容只要求掌握基础和入门,更多是为了在实践操作中掌握技术做准备;实践课占比大,部分专业实践课的学分要求已经达到总课程的 51.1%,最终目的在于培养残障学生掌握市场所要求的专业技术和能力。①

第三,美国社区学院职教模式,即坚持全纳教育思想,设立残疾学生服务中心为其提供支持与服务,鼓励与培养残疾学生的独立性,承担美国高等教育和职业教育双重责任,保障残疾学生的生涯转衔。② 在职业教育理念上,以人为本,由过去短平快、低层次、低质量的就业导向转为重视个体长期个性化的生涯发展。在职业行动上,秉持服务社区经济的传统理念,以地方需求为驱动导向,开展校企合作,培养适应地方产业发展及雇主需求的应用型、技能型人才。例如,特朗普政府 2018 年重新授权的《卡尔·帕金斯生涯技术教育法案》指出,职业教育机构应加强与地方雇主的互动,社区学院应定期对区域劳动力需求进行评估,以此作为专业设置与课程开设的重要起点与依据,促进学生工作本位的学习。③ 可以通过雇主需求为残疾人定制证书、共同开发课程、提供教师资源、开展校企合作、注册学徒制项目。在职业质量上,降低入读社区学院的学费、时间及成本,提高教育质量,促进残疾学生获得资格证书,提升吸引力。在职业系统上,建立系统的支持服务体系,保障残疾学生的生涯转衔。中等教育机构为特殊学生的就业做好学业、职业两方面准备;社区学院与中等职业教育机构相衔接,为特殊学生制订中高等职业教育学习计划;职业康复机构为特殊学生提供职前生涯支持服务,包括各种可能的就

① Kondo T, Takahashi T, & Shirasawa M. Recent progress and future challenges in disability student services in Japan[J]. Journal of Postsecondary. Education and Disability, 2015, 28(4): 421-431.

② 周荣亚,姜东亮,祝和意,等.美国社区学院残疾人职业教育经验及启示——以圣塔莫妮卡社区学院为例[J].科教文汇,2021(9):115-117.

③ Committee on Education and the Workforce. Strengthening Career and Technical Education for the 21st Century Act Bill Summary[EB/OL]. (2019-03-01)[2022-02-15]. https://edworkforce. house. gov/uploadedfiles/cte_bill_summary_updated_v. 2. pdf.

业机会和就业咨询服务,帮助特殊学生确定具体的职业发展方向,制定详细的职业生涯规划,提供职前工作培训,最终促进学生高质量就业或进入大学。①

第四,澳大利亚 TAFE(Technical and Further Education)职教模式,是典型的职业教育与培训体系,主要包括制度体系、教师发展体系、课程管理体系、证书与学历体系、招生与就业体系等五个部分。TAFE 模式作为一种职业教育培训模式,是基于全国统一的职业资格框架,依据行业的职业能力标准开发业内须共同遵守的培训包及相应的课程体系,并委托相关机构开展教学培训,呈现出政府主导、行业主导,全民参与、高中必修,带薪学习、资格准入等一系列特点。② 行业协会、职业教育院校和社会企业共同构成职业教育体系,政府对该体系进行宏观调控和统一管理。行业协会根据市场发展方向确定人才培养目标,制定全国统一的教学纲领性文件;职业教育院校根据协会制定的标准对学生进行技术教育和继续教育,在课程设置上尤其注重培养学生的实践能力和对理论知识的灵活运用;社会企业参与到职业院校教育质量的评估中,给予反馈,并积极接纳经过技术训练和职前职后培训的学生就业。由此,各方力量协同推进,形成从国家到社会、从企业到学校、从人才到国家的良性循环。③

(二)国外自闭症职业教育模式

国外自闭症职业教育模式多遵从于残疾人职业教育模式而开展,但针对自闭症群体的职业教育模式研究开展相对较少,关注度较高的是新加坡自闭症儿童路径计划模式。

---

① 张蔚然,石伟平.如何发展残疾人职业教育——美国社区学院的经验与启示[J].中国职业技术教育,2019(22):68-75,92.

② 张惠典,陈欣.澳大利亚 TAFE 模式及其对我国职业教育改革的启示[J].今日科苑,2021(10):59-70.

③ Smith E. A review of twenty years of competency-based training in the Australian vocational education and training system[J]. International Journal of Training and Development,2010,14(1):54-64.

新加坡自闭症儿童路径计划模式通过多样化的课程设置、体验式的职业教育,帮助自闭症儿童培养就业技能和回归主流社会,形成了颇具特色的新加坡模式。① 新加坡课程设置分为小学阶段与中学阶段,由主流课程与生活准备技能融合而成。路径计划模式的小学阶段主流课程包括读写能力;非学术性课程包括工作习惯、自我管理、体育、计算机技能、生活技能、社交技能等。中学阶段主流课程遵循教育部主流课程,使学生达到普通教育等级资格;非学术性课程包括 IT 专业课程、社交技能、生活技能、时间管理等。新加坡自闭症特殊学校职业教育课程设置通过借助自闭症特殊教育策略和体验式学习理论为自闭症学生提供更加合适的职业课程;主要注重教授学生功能性学术课程及培养学生的工作习惯、自我调节能力、功能性沟通及社交能力、日常生活技能、信息技术技能、一般性的办公技能等各方面的职业能力。② 职业教育重点在于通过提供功能性学术课程与差异化教学为自闭症儿童日后的自我管理、社交沟通技能奠定基础,具体课程设置如图 1-1 所示。③ 职业教育方式主要包括:课余活动(Co-Curriculum Activities,CCA),此项目是由外部供应商提供,目的是促进自闭症学生全面的人格发展,主要包括艺术与戏剧、跑步俱乐部、视觉艺术俱乐部;IT 与设计学院,旨在为自闭症学生提供IT 和设计概念方面的实用技能和知识,促进他们创造、创新和交流。艺术家发展计划(Artist Development Program,ADP),旨在发掘自闭症学生的艺术才能并发挥其潜力,专业艺术家通过与有才能的自闭症学生一起工作来培养他们的才能,出售作品获得版税。该学校艺术学院通过与品牌、零售商、社会组织、企业和艺术从业者合作,最大限度地发挥自闭症学生的潜力,向公众展

---

① 金碧华,杨佳楠.新加坡自闭症儿童路径教育计划及对我国的启示[J].前沿,2020(1):95-102.
② Pathlight School. Vocational Track[EB/OL].(2019-08-28)[2022-01-15]. https://www.pathlight.org.sg /programmes/ vocational-track.
③ 其中,PSL 为 Primary School Leaving Examination 的 简 称,GCE "O"/"N" 为 Singapore-Cambridge General Certificate of Education(Ordinary Level) Examination/Normal(Technical) Level 的 简 称,ICT 为 Information and Communications Technology or Technologies 的简称。

示他们的才能。此外,特殊教育学校通过与新加坡多所主流学校合作设立
"卫星特殊教育班"为其融合创造了条件。①

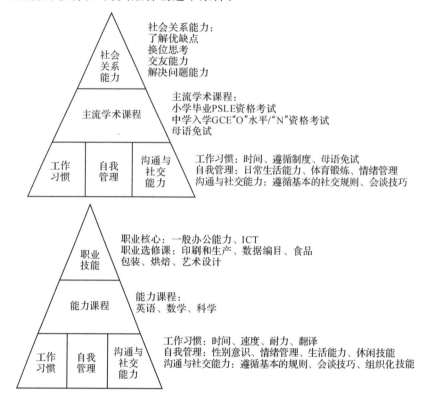

图 1-1　新光学校课程设置

(三)国内残疾人职业教育模式

国内学者结合国外理论基础及我国国情提出了以下几种残疾人职业教
育模式:工作室制模式、双式模式、三因模式、四型模式、五元模式。有部分院
校对自闭症学生单独开展了相关的实践探索活动。

第一,工作室制模式。其强调"教学做"一体,"产学研"一体,理论联系实

---

① 新加坡新光学校新校舍.为自闭症学生提供全面学习环境[EB/OL].(2010-04-28)
[2022-01-15].http://www.cautism.com/2010/4-28/118318345233036.html.

际,促进学校教学与企业岗位需求无缝对接。通过实施模块化课程、组建工作室制教学团队、采用工作室制教学方法、实行工作室制车间管理,实现职业教育内涵发展。以准就业形式、师徒制教学方式、依托项目教学,结合岗位学习,将工作室车间化,通过在真实工作场景中不断提升职业素养、职业技能,促进专业教学与就业的自然衔接,实现工学一体化。[①]

第二,双式模式。许家成将其分为准备式职业教育与支持式职业教育,从先培训还是先开拓就业机会的角度进行论述。准备式职业教育指在学校教育阶段为残疾人提供知识技能,培养职业个性,残疾人毕业后,根据所学,在社会支持帮助下,寻求就业机会,其就业方式被称为庇护性就业;支持式职业教育是指根据市场需求,寻求市场就业机会,并根据市场工作条件与残疾人特点开展人职匹配,为残疾人提供密集性训练,现场辅导和跟踪支持,在竞争性条件下,通过各种支持帮助残疾人就业,其就业方式被称为支持性就业。[②]

第三,三因模式。指因材施教、因时制宜、因势利导,从残障者的自身因素、区域的优势产业和市场需求及如何把个体状况与岗位需求相结合构成立体结构。因材施教是个体维度,体现个体个性化、个别化的教育理念;因地制宜是社会维度,表达社会环境对残疾人职业教育在岗位需求与条件上的支持;因势利导是时间维度,即职业发展在时间尺度上的连续,反映残疾人的个体状况与未来市场需求的匹配性与契合度。此三维构成了三因模式的核心内涵。结合残疾人优势与特长开展专业:如智障生学习中餐烹饪技术;结合地域特点开设专业:如成都特校依托当地非物质文化遗产蜀绣,开设民间传统工艺蜀绣专业;结合市场可持续发展的技能适用性:如宜宾特校考虑到学生未来回到农村的趋势,选择与农村生活相关的花木栽培、畜牧养殖、农家乐

① 顾丽霞.工作室制教学模式在残疾人职业教育中的应用探索[J].中国成人教育,2015(20):81-82.
② 许家成.残疾人职业教育的准备式和支持式模式[J].中国特殊教育,1998(2):34-38.

服务、果树种植等现代农业和农村服务业的技术。①

　　第四，四型模式。基于残疾人从受教育到进入社会的过渡视角，甘昭良提出"特殊教育学校—工作型"模式、"特殊教育学校—职业培训—工作型"模式、"特殊教育学校—双元培训体系—工作型"模式、"特殊教育学校—职业教育—工作型"模式等四种残疾人职业教育模式。②"特殊教育学校—工作型"模式是指从特殊学校毕业后，直接参加工作，主要体现在集中安排和分散安排。集中安排主要指国家和社会举办的残疾人福利性企事业组织集中安排残疾人就业，分散安排主要指社会上各单位吸引残疾人就业。"特殊教育学校—职业培训—工作型"模式指社会主义市场经济体制下，残疾人从特殊学校毕业后，要在社会上的职业培训机构进行培训，掌握一技之长后，再到劳动力市场寻找工作。"特殊教育学校—双元培训体系—工作型"模式指在沿海城市或经济发达地区，企业由于招收残疾人有税收优惠而愿意招收残疾人就业，因此残疾人从特殊教育学校毕业后来到工厂就业，实行边培训边工作的双元培训体系。"特殊教育学校—职业教育—工作型"模式指在特殊教育学校高年级开展职业技术课程，聘请学校开设专业所需的一线专业人员来校任教，职业教育指特殊教育学校本位的职业教育，当学生在学校内拥有一定职业技能后，便去寻找工作。

　　第五，五元模式。肖非和刘全礼将国外训练模式进行翻译，根据残障者的训练地点及训练人员将其划分为庇护性训练模式、工作—学习方案模式、职业训练中心模式、在职训练模式、合作训练模式五种。③庇护性训练模式，主要以庇护工厂为主要形态，包含过渡性、延续性和综合性三种。过渡性适用于轻度智力障碍儿童，他们在庇护工厂接受训练后，直接进入工作单位；延续性适用于重度智力障碍儿童，他们在庇护工厂接受训练并直接就业；综合

① 余万斌.残疾人职业教育"三因"模式探析——基于四川特殊教育学校残疾人职业教育的观察[J].成人教育,2014,34(3):49-51.
② 甘昭良.论残疾人从学校到工作过渡的模式[J].河南职业技术师范学院学报(职业教育版),2007(1):41-42.
③ 肖非,刘全礼.智力落后教育的理论与实践[M].北京:华夏出版社,1993:392-393.

性兼具上述两种特点。工作—学习方案模式,适用于校内 15 岁以内的智力落后儿童,其特点是工学结合,以工作为学习的核心,部分时间在学校的工厂或社区中工作,其余时间在学校学习与工作相关的文化知识、社交技能和日常生活技能。开始时,先进行学生多个兴趣领域的学习,等对某一领域确定后,再对这一领域开展专门训练。职业训练中心模式是指学生直接到职业训练中心接受专门的训练。在职训练模式主要将特殊教育学校即将毕业或已经毕业的智力障碍青少年安置于工作单位,边工作边接受训练。合作训练模式指学校和有关机构联合训练,主要在学校无能力单独训练的情况下求助于邻近的训练机构联合培训儿童。

（四）国内自闭症职业教育模式

关于自闭症职业教育模式已有相关特殊教育学校及民办机构进行了实践与探索,主要体现为"教—产—销"模式、校企合作订单模式、共享式模式、"评估—课程—融合体验"达敏模式。

第一,"教—产—销"模式。通过专业化教学训练、个别化生产操作及市场化宣传销售,形成"教—产—销"模式,学生能够将所学技术运用到实际生产之中,而机构也能够从生产、销售环节受益,以弥补教学中所产生的场地、原料、设备及人力成本的费用,同时将所做行业品牌化、市场化,做到自主运营、自负盈亏、自我造血。①

第二,校企合作订单模式。深圳元平在校企联合方面,主动出击,为自闭症学生的职业教育保驾护航。其不仅通过自筹资金的方式开办宾馆、饭店、超市等校办企业,为残疾学生职业教育、劳动实践和未来就业安置提供保障;积极开展校企合作,实现就业零距离的订单式培养,先后建立了三个校外劳动实践和就业基地,提高学生的职业技术能力和毕业生整体就业率;还与市残联劳动服务中心共同制定《教育残联工作方案》,主动与劳动部门的培训和

---

① 邓学易,郭德华,于鑫洋.大龄孤独症人士职业技能培训模式探索——以北京康纳洲雨人烘焙为例[J].残疾人研究,2015(4):64-67.

资格认定机构联系,为残疾学生获得相关资格证书开辟绿色通道。①

第三,共享式模式。浙江省杭州市杨陵子学校,以学生的生涯发展为重心,以全面提高学生的生活质量为宗旨,秉持自闭症学生的"孤岛智慧",探索融合背景下自闭症学生的职业能力专业化、多方位支持道路。学校通过评估学生行为表现,分析学生职业能力,制订个别化服务计划,并帮助学生进行专业选择。针对自闭症学生发展的特点,采取适宜有效的教学方法,如工作分析法、视觉提示、结构化教学等。打造集教学、实习、就业、培训于一体的现代化功能场所,包括超市、咖啡工坊、研学场所、职业康复场所、图书馆、志愿者基地等,塑造特殊学生品牌形象。引入社会资源,创新校、企、社合作机制。学校与杭商研究会、杭商企业及社区成立专业教学指导委员会,为学生搭建集教育、实训、实习及创业于一体的平台,提升其就业、创业能力;为企业所需要的按比例就业员工进行订单式培养,为其他企业提供有益的经验借鉴。开拓多情景的课程实践基地,包括校内基地及校外基地,让自闭症学生逐步提升能力,最终融入社会。②

第四,"评估—课程—融合体验"达敏模式。浙江省宁波市达敏学校通过开展全面评估测试、培养自我选择及自我决策能力、构建结构化教学方法、探索学分制职业教育模式四步走战略,从缺陷补偿转变为积极行为支持,从重视个体发展转变为强调生态化支持,从反复技能实操训练转变为重视适应生活、融入社会的训练。③

三、自闭症学生就业支持研究

自闭症学生就业支持已从庇护性就业、支持性就业向定制型就业转变。

首先,庇护性就业是指就业能力不足、无法进入竞争性企业且需要就业

---

① 李黎红,郭俊峰.魅力元平——来自深圳元平特殊教育学校的报告[J].现代特殊教育,2006(12):4-16.

② 俞林亚.近十年发展性障碍学生职业教育研究综述[J].现代特殊教育,2022(1):55-59.

③ 周旭东,姚俊,傅海贝.有效开展职业教育,为自闭症学生终身发展赋能——浙江省宁波市达敏学校的实践探索[J].现代特殊教育,2020(5):13-16.

支持的服务对象在保护性的环境中,从事简单且重复性高的工作。庇护性工厂是实施身心障碍者庇护性就业的一种模式,其成本较高,能将有障碍的个体从工作环境中隔离出来。其次,自闭症学生支持性就业是其成功就业的主要途径,即向自闭症个体提供在工作场合中所需的所有恰当培训和支持,让他们在有规律的工作环境中维持一份有收入的工作。就业支持服务包含就业安置、就业指导、工作场合调整及对雇主和同事的教育。进行就业安置时应考虑人职匹配,增加个体工作满意度。就业指导主要是帮助自闭症学生了解相关的职业责任,适应工作场所及进行社交融合,最好在相关的真实情境下开展。当自闭症学生的能力能够达到时,可慢慢进行系统消退。对工作场合的调整需要依据自闭症学生的需要进行环境调整,比如,自闭症学生对环境中的吵闹或忙碌刺激存在感知觉上的问题,就需要设定系统的脱敏或自我控制项目对其加以干预。对雇主和同事的教育即对雇主开展自闭症科普培训,帮助他们学习如何最佳地调整各种工作任务、与员工进行社交互动及对日常行程或环境进行适应性调整。最后,未来的研究和职业发展更多集中于定制型就业模式,以满足员工和雇主双方需求为前提,对员工和雇主的雇佣关系进行个别化定制。此模式既是基于残障个体的优势、需求和兴趣的个别化决策,也是基于满足雇主的具体要求。定制型就业不同于支持性就业的关键在于雇主的加入,从而对雇主及自闭症学生都有利。

国外对自闭症青少年的就业支持有不少举措,比如《英国复苏:实现充分就业》(Building Britain's Recovery:Achieving Full Employment)提到,英国会为所有的自闭症青年开放 10 万个岗位,自闭症青年不仅可以获得工作机会,而且会获得就业中心相关培训,得到个别化就业支持。美国也有比较完善的政策支持和转衔支持体系,比如:通过职业康复基金为自闭症个体提供个性化的就业支持,还会有转衔评估实习机会、个别化工作环境和家庭参与。[①] 然而研究结果显示:自闭症学生就业率不容乐观,相对于其他障碍类

① 于文文.美国俄亥俄州自闭症学生就业转衔的实践与启示[J].现代特殊教育,2015 (16):17-22.

型学生就业率明显偏低,大部分自闭症学生都处于未充分就业状态,在技能、知识和经验没有得到充分利用的情况下,主要从事庇护性、支持性或者兼职工作,多在酒店、零售或餐饮等领域从事清洁、整理等体力劳动。① 具体表现为工作周期短、薪资水平低、工作类型单一及智能匹配不符等。②

　　国内关于自闭症成年人的教育支持无论是在养护机构、培训就业安置、庇护性福利工厂等方面都与国外差距较大,国内机构寥寥无几,从事教育支持的水平较低,专业人员的水平参差不齐。③ 我国香港通过专门的机构为自闭症群体提供职业评估及职业训练服务,实行竞争就业和庇护就业。我国台湾地区除兼顾职业技能、态度与工作习惯外,还逐步增加职场弹性应变能力的培养,辅以支持性就业辅导,并采取社区化支持式就业模式,为自闭症者开发就业机会。随着一系列特殊教育政策的颁布和施行,大陆地区一些一线特殊教育学校率先展开了智障学生职业教育的实践探索,但聚焦自闭症学生职业教育的相关探索或研究却较少。研究者指出,残疾成年人不能关在一个封闭的机构中参与学习活动,应该走向社会成为主流社会的一部分。研究发现,成年后的自闭症者主要有以下去向:从事职业工作、接受长期看护、依赖父母照料并与父母同住、住在精神病医院等。而有 6%～10% 的高功能自闭症成年人与健全者在同等条件下获得教育支持,可以在有限的职位中参与竞争性就业。是否接受系统的教育支持、是否存在智力问题、是否患有癫痫或焦虑等问题,均成为影响自闭症者支持性就业的因素。此外,自闭症者就业失败的原因主要有内因和外因两个方面:内因包括工作技能不足、缺乏工作态度、缺乏自信心、缺乏处理问题的能力等;外因包括面试失败、雇主和同事

---

① Cheak-Zamora N C, Teti M, & First J. "Transitions are scary for our kids, and they are scary for us": Family member and youth perspectives on the challenges of transitioning to adulthood with autism[J]. Journal of Applied Research in Intellectual Disabilities, 2015, 28(6): 548-560.

② 张春宇. 自闭症学生就业转衔历程中利益相关者角色研究[D]. 武汉:华中师范大学, 2021.

③ 王梅,张俊芝. 孤独症儿童的教育与康复训练[M]. 北京:华夏出版社,2007:6-18.

不理解、适应困难等。① 因此,多数自闭症者的就业困难往往并非工作技能导致,而是社会交往、情绪控制、工作态度、生活习惯等方面的障碍所造成。自闭症者的社会交际功能依然是影响其社会功能的主要障碍。例如:机械刻板行为、感知觉障碍、在工作中无法遵守社会规范及社交礼仪、自我刺激行为等会影响工作质量与效率。用强化程序或展示人行为的录像内容②,将音频提示和视觉支持相结合,综合使用延时提示、自我监控、强化法、个别化教育计划等方法获得有效资源③,较传统课堂教学能大幅提升自闭症者职业培训效果。家庭方面提供的经济激励、口头表扬及家人为自闭症成年人提供的氛围和展示出的包容度,能增强自闭症成年人工作的积极性、独立性、选择权与自主权,提升其理解能力,减少他们的焦虑。学校教师及同伴也要提高对自闭症学生的认同感和期望水平,与他们保持良好的人际关系。因此,特殊教育学校为自闭症学生提供就业支持不仅需要考虑为其提供相关的职业技能培训,还要及时关注自闭症学生的社交沟通能力、情绪稳定能力,为自闭症学生提供多方面的就业支持。

综上而言,当前关于自闭症学生职业教育的研究主要体现在三个方面:第一,对自闭症学生存在的缺陷性障碍与职业优势进行探讨,研究多主张不仅要关注其缺陷并进行补偿,也要借助其优势扬长避短,注重优势进行职业技能培训,为其职业教育及就业奠定基础,因此以寻找自闭症学生的职业特性为关键。第二,关于自闭症学生的课程教学模式多从残疾人职业教育模式中进行构建,当前研究多关注早期自闭症儿童的康复及义务教育阶段自闭

---

① Chiang H,Cheung Y,& Li H. Factors associated with participation in employment for high school leavers with autism[J]. Journal of Autism and Developmental Disorders,2013,43(8):1832-1842.

② Flynn L & Healy O. Areview of treatments for deficits in social skills and self help skills in Autism Spectrum Disorder[J]. Research in Autism Spectrum Disorders,2012(6):431-441.

③ Pennington R,Delano M,& Scott R. Improving coverletter writing skills of individuals with intellectual disabilities[J]. Journal of Applied Behavior Analysis,2014(47):1-5.

症,而对大龄自闭症群体的职业教育及就业关注度不足。残疾人职业教育模式对自闭症职业教育模式的创建指引了研究道路,主要体现为残疾人个体能力导向、社会和市场职业需求导向、融合导向三个方面。残疾人职业教育模式构建为自闭症者职业教育课程及教学针对性探索提供了先期借鉴。目前关于自闭症职业教育模式已有少数特殊教育学校及民办机构开展相关研究,但是系统性研究仍有待深入。第三,关于自闭症就业支持主要以庇护性就业及支持性就业为主,对特殊教育学校多为准备式支持,而且对就业支持的全面性也有待继续拓展。在支持视角上,不仅要关注职业技能培训,也要关注自闭症学生的情绪稳定、社交技能、工作态度、工作习惯等各方面就业支持。在支持群体上,不仅要关注产教融合、校企合作,也要得到政府、企业、社区、学生家庭等多方面的支持,因此就业支持网的创建急需得到关注。

第三节　研究对象和研究目的

一、研究对象

随着自闭症人数的日益增多,自闭症学生的教育康复是当前特殊教育的热点、难点和痛点问题。同时,大龄自闭症者的养护及就业问题日益突出。对这一群体开展职业教育,有其特殊的社会意义。因此本书研究对象主要聚焦于特殊教育学校九年义务教育阶段及高中职业教育阶段的自闭症学生的职业教育。

二、研究目的

从宏观层面分析我国自闭症学生职业教育的理论和实践研究,为国家有关部门及学校和机构提供一套适应市场经济条件的自闭症学生职业教育发展的新思路和新方案。主要体现在总结分析国内外自闭症学生职业教育发展经验,结合南京市秦淮特殊教育学校已有的职业教育研究基础,撰写符合我国自闭症学生职业教育研究的实践成果,为兄弟特殊教育学校开展自闭症学生职业教育提供实践操作指引与借鉴。

从微观层面了解自闭症学生毕业就业的实际需求,合理有效完善已有职业教育体系,构建政府、学校、社区、家庭四位一体的自闭症学生就业保障和服务支持体系,完善自闭症学生就业保障政策。主要体现在编写一套符合我国自闭症学生职业教育现状的教材与教学指南,构建我国自闭症学生职业教育的创新支持性就业服务模式。

第四节　核心概念、研究思路和方法

一、核心概念

(一)自闭症

"自闭症"这一概念最早是由约翰霍普金斯大学的利昂·坎纳(Leo Kanner)教授在 1938 年提出的。他在论文《自闭症对情感练习的困扰》中,描述了 11 个非常明显而又少见的"极端孤独"症状的孩子。[①] 这些孩子具有极端的孤僻、缺乏想象力、坚持统一性等特征,其中许多儿童还具有记忆力非凡等特征。由于这些症状发生在孩子生长的早期,因此坎纳教授又称这种症状为"婴幼儿自闭症"。1994 年,奥地利儿科医生汉斯·阿斯伯格(Hans Asperger)在他的《儿童期自闭症》("Autistic Psychopathy in Childhood")一文中,描述了 4 个同坎纳教授描述症状类似的男孩,但是他用了"孤独精神病"一词来进行形容。[②] 20 世纪 50—60 年代,自闭症被认为是一种早发型的

---

① Kanner L. Autistic disturbances of affective contact[J]. Nervous Child,1943(2):217-250.

② Asperger H. Die Autistiischen Psychopathen in Kindesalter[J]. Archivfur Psychiatric and Nervenkrankhriten,1994(117):76-136.

儿童精神分裂症,但是对于自闭症的概念却没有一个统一界定。[①] 直到 20 世纪 70 年代,自闭症的研究从对心理起源逐渐转向对神经生物性本质的研究,姆兰德(Rimland)在《婴儿自闭症》(*Infantile Autism*)一书中,提出自闭症是神经起源的。[②] 而后拉特(Rutter)对自闭症进行了再定义,并总结出相关症状:非寻常的行为,如刻板动作或作态行为;沟通问题,社交延迟或偏移问题。[③] 1980 年美国精神疾病联合发布的 DSM-Ⅲ 将自闭症包括在广泛性发育障碍的范畴内,并将其具体表现概括为:缺少对他人的反应性,沟通技能的损坏;针对各种环境的古怪反应;30 月龄前起始等。根据自闭症患者的不同表现,自闭症又可以被分为婴儿孤独症、儿童起始孤独症、非典型孤独症及残余孤独症。[④] 经过数次的修改,2013 年美国精神医学学会（American Psychiatric Association，APA)制定的《精神疾病诊断与统计手册—第五版》(*Disgnostic and Statistical Manual of Mentai Disorders*,DSM-V)将广泛性发育障碍中的孤独症、亚斯伯格综合征、儿童期瓦解性障碍、非特定的广泛性发育障碍统一归类为自闭症谱系障碍。该定义认为凡是具备在多种环境中持续性地显示出社会沟通和交往的缺陷、兴趣活动非常局限或者行为刻板两个症状的儿童即为“自闭症谱系障碍”儿童。[⑤] 自闭症是一种严重的先天发育障碍,主要表现为兴趣狭窄、行为刻板重复;孤独离群,难以与他人建立有效的社交联系;言语障碍突出等症状。

---

① 陈文雄. 孤独症 70 年:从 Kanner 到 DSM-V[J]. 临床儿科杂志,2013,31(11):1001-1004.

② Rimland B. Infantile Autism: The syndrome and its implications of a Neural Theory of Behavior[M]. New York: Appleton-Century Crofts, 1964.

③ Rutter M, Schopler E. Diagnosis and definition, Autism: A reappraisal of concepts and treatment[M]. New York: Plenum, 1978: 1-25.

④ American Psychiatric Association. The diagnostic and statisticalmanual of mental disorders[M]. 3rd. ed. Washington D C: American Psychiatric Publishing, Inc, 1980.

⑤ Kheirbek M A, Klemenhagen K C, Sahay A, & Hen R. Neurogenesis and generalization: A new approach to stratify and treat anxiety disorders[J]. Nat Neurosci, 2012, 15(12): 1613-1620.

（二）职业教育

职业教育分为广义的职业教育与狭义的职业教育。广义的职业教育认为所有的教育与培训都具有职业性，并且以职业为导向。例如：《教育大辞典》将职业教育界定为普通教育中的职业教育和包括职前与职后的各种职业与技术教育的总体，偏重理论的应用和实践技能、实际工作能力的培养。[①]狭义的职业教育关注教育的目的和内容，如在《中国大百科全书·教育》中，职业教育指在一定文化和专业基础上给予受教育者从事某种职业所需的知识技能的教育，目标是培养实践应用型专门人才，即各行业所需的技术人员、管理人员、技术工人和城乡劳动者。[②]　在《辞海》中职业教育被认为是给予学生或在职人员从事某种生产、工作所需的知识、技能和态度的教育。[③]　本书所提到的职业教育是指为使学生获得某种专门的工作而进行的教育，主要注重学生工作能力的获得，为学生谋求工作打下基础，教育重点在于教给学生就业的知识与技能。在概念界定中，需明确职业教育与劳动技能教育是两个不同的概念。劳动技能教育通过培智学校义务教育阶段的劳动教育课程来实施，以培养学生简单的劳动技能为主，对学生进行职前劳动的知识和技能教育。通过劳动技能的训练可以培养学生的劳动意识，形成热爱劳动的情感，掌握一定的劳动知识与技能，养成良好的劳动习惯。劳动技能教育具有实践性，强调做中学、学中做，知行统一，手脑并用；具有生活性，以学生生活环境为依托，以当地经济、社会文化环境为背景，选择生活资源进行教学，引导学生体验生活、适应生活；具有综合性，需要综合其他学科交叉融合，通过手脑并用的操作活动改善身心功能，实现知识的内化和技能的掌握；具有开放性，教学的设计与安排要富有弹性和开放性，体现多样性和选择性。在此过程中，应遵循以下基本课程理念：关注学生生活需求、尊重学生个体差异、突出学生实践体验、提高学生劳动素养、促进学生综合康复。相比起来，职业

①　顾明远.教育大辞典（第三卷）[M].上海：上海教育出版社，1991：227.

②　中国大百科全书.教育（第三卷）[M].北京：中国大百科全书出版社，1985：520.

③　辞海编辑委员会.辞海（缩印本）[M].上海：上海辞书出版社，2014：2448.

教育的范围比较狭窄,但是内容很具体,有较强的指向性与集中性。① 劳动
技能教育与职业教育的具体区别如表 1-1 所示。

表 1-1　劳动技能教育与职业教育区别

命名	劳动技能教育	职业教育
内容界定	一般劳动技能的学习	职业的准备训练
有无酬金	强调有酬与无酬工作,同时注重家务劳动教育	有报酬的工作培训
教学需求	从学习者的一般需要出发	结合劳动市场需求
教学内容	教学内容广泛,不是专业教育	一种专门的专业教育
教育目标	强调全面发展的教育目标	强调以满足职业技能的需要为目标
关注阶段	各个教学阶段	小学高年级以上
涉及范围	涉及范围较大,包括家庭、社会、厂矿企业等	涉及范围较小,只限于就业

对于自闭症学生来讲,劳动技能的获得是职业教育的基础。职业教育在
于给自闭症学生传授职业技能,安排就业场所,实现个体的教育权利,履行社
会的义务和责任。其目的不仅具有功利性、价值性、现实性,而且是对生命的
深层次关爱与追求。

(三)创新研究

在现代汉语中,创新是一个相对较新的词语,来源于西方社会。在 20 世
纪 80 年代,由英语中的 Innovation 直接翻译而来,它的原型是古拉丁语中的
(Innovre)一词,在当时有"更新""改变旧有的东西""创造新的东西"之意。
西方社会将创新视为理念更新和实践革新两个阶段的融合体,即"创新"就是
引入新东西、新概念,进而制造变化。现代汉语中常使用"创新""创造""创造
力""创造性"等词汇,其中都包含着"新"的核心内涵,表示人们对旧事物的否

---

① 肖非,刘全礼.智力落后教育的理论与实践[M].北京:华夏出版社,1993:372-374.

定和超越,新理论、新思想、新方法在实践活动中的首次应用。创新具有一定的主体性,不同的主体在需要、目的、欲望、能力上存在差别,因此创新活动也会基于创新主体的不同而存在差异。创新成果具有新价值和新效用。新价值侧重于创新成果对主体主观喜好的满足,新效用侧重于创新成果对外部客观标准的满足。客观世界的信息、能量、资源、知识均是进行创新的基础。创新主体利用自己掌握的知识和信息,推动知识信息之间的相互渗透、相互激发、相互连接、相互作用,推出新的知识和方法,满足社会发展需要并实现创新。[①] 本书中的创新是指实践层面的创新。虽有相关学校对自闭症学生的职业教育进行了探索与实践,但本书主要指自闭症学生经过学校教育和培训开展职业教育的行动策略和就业实现路径,以帮助自闭症学生顺利实现就业的一系列实践探索。

二、研究思路与方法

(一)研究思路

本书以个别化评估、调查分析结果为依据,总结目前已有研究报告和文献资料,采取边工作边研究的原则设计研究思路,开展行动研究,围绕研究内容结合全国课题研究的相关要求划分研究过程。以共享理念为引领,倡导学校教师全员参与研究,并通过研究实践,建设一师多能型教师队伍,提高教师对自闭症儿童研究的专业水平,初步形成自闭症学生职业教育创新发展的新模式。首先,广泛开展社会调研,找准目标定位。通过对社会、家长、学生进行调查,开展自闭症学生职业教育专业课程设置研究,确定自闭症职业教育人才培养目标。其次,创建课程体系,建构教学模式。研究九年义务教育阶段及高中职业教育的课程设置,开发校本课程,注重三方关注。最后,加大就业支持,创新就业系统。虽然自闭症学生职业教育中课程模式的创建、校本课程的开发起着重要作用,但最后的就业支持服务体系的创新与建构是真正帮助自闭症学生实现就业的关键一步。当下特殊教育学校需要形成升学教

---

① 王跃然.马克思主义创新理论与实践研究[D].哈尔滨:哈尔滨师范大学,2017.

育、职业教育、职业培训、就业指导一条基线的特殊教育体系,科学做好学生的职业生涯规划。基于前期文献调查与社会实践调查,本书明确从自闭症学生的职业性向与培养目标、专业课程与教学模式、就业支持服务体系三方面来开展研究,以自闭症学生职业性向与培养目标为起点,以学校的专业课程与教学模式为脉络,以多方联动机制组成的就业支持服务体系网为依托进行从上至下、从左到右的系统性培养,具体的自闭症学生职业教育创新实践研究技术路线如图 1-2 所示。

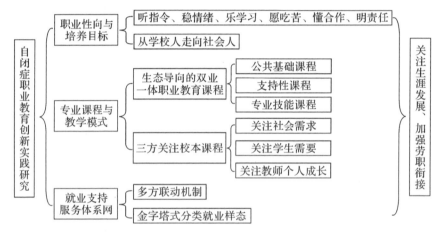

图 1-2　自闭症学生职业教育创新实践研究技术路线

（二）研究目标、内容、方法

本书主要从研究目标、研究内容、研究方法三个层面进行研究思路的具体拓展,具体分布如图 1-3 所示。

由图 1-3 可知,其包含三个研究目标,对应着三个研究内容,主要通过文献研究法、观察法、调查研究法、循证实践研究、行动研究、追踪研究等研究方法进行。

研究目标之一:通过实证研究方法,确定自闭症学生职业教育的人才培养目标,对自闭症学生职业特质进行调查研究,提炼促进该类学生成长的核心职业特质。

研究内容:确定自闭症学生参加职业教育的人才培养目标及职业技术教

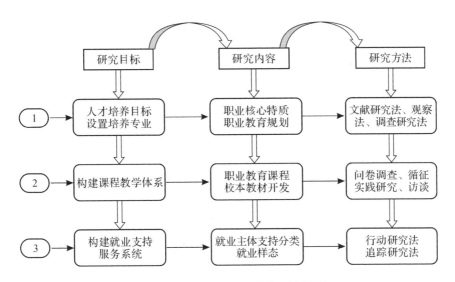

图 1-3　自闭症学生职业教育研究计划

育规划,确定学校需开设的职业教育专业。

研究方法:

(1)文献研究法。搜集梳理自闭症者职业教育相关文献资料,归纳已有成果,为研究方案的确定、关键概念界定、理论框架的架构提供支持。

(2)观察法。采取直观的研究方法对自闭症学生接受九年义务教育、职业高中教育时的认知情感、技能等方面进行现场观察、并做好实时记录,摸清自闭症学生的为人处世方式、职业特征。

(3)调查研究法。从社区资源、市场需求、家长期望等角度开展问卷及访谈调查,包含社会环境对学生的职业需求、自闭症学生职业方向评估、分析学校的校内外资源支持等方面。

研究目标之二:基于自闭症学生职业特性,开展学校课程教学体系构建研究,确保课程和教学能够全面促进自闭症学生发展。

研究内容:开发九年义务教育阶段及三年职业高中的自闭症职业教育课程衔接性体系。构建自闭症职业教育课程模式,包含课程目标的构建、课程内容的选择、课程资源的开发、课程具体实施及课程评价的研究。开发自闭症职业教育校本课程,包含校本课程的设置原则、模块划分、动态实施、评价机制。

研究方法：

(1)问卷调查法。对我国主要城市培智学校自闭症学生的家庭情况、实际就业情况及政府的就业政策等进行问卷调查和分析研究，为后期研究提供科学的数据支撑。

(2)循证实践研究。在自闭症学生职业教育的创新发展研究中，结合自闭症学生个性特点和求职意愿，对相关研究进行分析，了解培智学校自闭症学生职业教育职业样本的可操作性和实用性。

(3)访谈法。对自闭症学生个人及其家庭和政府部门人员进行深度访谈，完成典型自闭症学生职业教育职业样本的案例搜集、整理工作，以便于对比分析和案例研究，并结合理论研究的结果进一步对职业样本进行调整与改造。

研究目标之三：在前期的职业教育专业设置、自闭症职业教育课程模式的构建、自闭症职业教育校本课程开发研究的基础上，构建我国自闭症学生职业教育的创新支持性就业服务模式。

研究内容：构建适合自闭症学生职业教育的就业支持服务系统，包含就业支持服务体系的联动主体参与、就业样态分类等。

研究方法：

(1)行动研究。了解目前自闭症学生职业教育及学生毕业后的出路中面临的一些问题，探索相关解决方案，构建出适合自闭症学生的职业教育体系和支持性就业服务模式。

(2)追踪研究。对自闭症学生的就业需要进行持续的跟踪指导，采用追踪研究方法，能够较为完整地考察学生在进入社会就业过程中出现的问题和特点。

自闭症学生职业教育是残疾人职业教育系统中的重要环节，党和政府也日益关注和重视自闭症青少年的未来归宿，但由于自闭症职业教育发展起步较晚和时间有限，缺乏可借鉴的现行发展模式。结合国内外残疾人职业教育模式及自闭症职业教育模式的经验与理论，基于当地市场需求、学校内外教学资源及自闭症学生职业特性开发职业教育模式已经势在必行。总而言之,自闭症学生职业教育理想目标的实现还要经历漫长的路程。

未来需要继续思考的问题是:(1)培智学校自闭症学生课程和教学体系如何系统建构?自闭症儿童的职业教育训练不是三年、五年就可以收到效果的,必须关注孩子的当下与未来。在这一前提下,如何制定相应的课程标准?是按照领域编写,还是根据学科编写?(2)如何站在全面促进自闭症学生社会融合的高度开展职业教育?在融合教育思想的主导下,自闭症学生的职业教育如何顺应融合教育的发展趋势,加强以融合为导向的自闭症学生职业教育发展?由于自闭症学生自身障碍限制和不利环境因素的影响,在接受了职业教育之后,学生的就业率仍然普遍较低,社会融合面临困境。如何促进学生最大限度地参与和融入社会生活?如何保证分层就业的可持续性?在融合教育的大背景下,培智学校开展自闭症学生职业教育通过何种方式造血?这些问题仍值得职业教育专家及一线教师深入思考,期待大家共同为自闭症职业教育建言献策。

第二章 残疾人职业教育研究现状

职业教育的根本是对人的教育。职业教育是通过培养高素质人才来提高国家和社会劳动人员的整体素质,并提升国家在国际社会的地位和竞争力。社会经济的发展与职业教育的发展密切相关,使得职业教育的发展有经济化的性质,这决定了职业教育应该考虑经济的需要,为国家的经济发展和生产力提升服务。

第一节 职业教育研究

职业教育是培养符合经济社会发展需要的技术型人才的重要途径。在经济结构调整和产业转型升级的关键期,职业教育承担着为国家培养多样化人才、传承技术技能、促进就业创业的重要职责[1],并发挥着持续深化教育供给侧结构性改革,提高全民素质和技术技能水平,以及促进社会发展和经济增长的重要作用[2]。

一、职业教育发展背景

职业教育作为我国教育体系的重要组成部分,在国家产业结构调整、转型升级中发挥着不可替代的重要作用。首先,职业教育有助于培养高素质技

---

[1] 王扬南.新时代新要求、新目标新行动职业教育改革发展迈入新阶段[J].中国职业技术教育,2019(7):5-8.

[2] 程宇.中国职业教育与经济发展互动效应研究[D].长春:吉林大学,2020.

能型人才。职业教育紧密围绕国家产业结构调整和转型升级的需求,优化专业设置,为企业输送大量具备专业技能的人才,提高劳动力素质。职业教育注重实践能力培养,通过校企合作、产学研结合等方式,使学生掌握实际操作技能,满足企业对高素质技能型人才的需求。职业教育强化职业道德教育,培养学生爱岗敬业、诚实守信的品质,为我国产业发展提供稳定的人才保障。其次,职业教育有助于推动产业技术创新。职业教育与企业紧密合作,将企业新技术、新工艺引入课堂,促进产业技术成果转化。职业教育培养的学生具备较强的创新意识和动手能力,为企业技术创新提供有力支持。职业教育为企业在职员工提供培训服务,帮助企业提高员工技能水平,推动产业技术升级。再次,职业教育有助于促进区域经济发展。职业教育应根据区域产业发展需求,合理设置专业,为区域经济发展提供人才支持。职业教育助力贫困地区脱贫攻坚,通过技能培训,提高贫困地区劳动者就业能力,促进就业脱贫。职业教育推动产业集聚发展,为区域产业链上下游企业提供人才保障,促进产业集群效应。从次,职业教育有助于优化教育结构。职业教育的发展有助于完善我国教育体系,实现普通教育与职业教育相互衔接、协调发展。职业教育为各类人才提供多样化发展路径,满足社会对不同层次人才的需求。职业教育推动教育资源优化配置,提高教育整体效益。最后,职业教育有助于提升国家竞争力。职业教育培养的大批高素质技能型人才,是我国产业转型升级的重要支撑,有助于提升国家竞争力。职业教育紧跟国际产业发展趋势,培养具备国际视野的人才,助力我国企业"走出去"。职业教育推动我国从人力资源大国向人力资源强国转变,为经济社会发展提供持续动力。

　　总之,职业教育在我国产业结构调整、转型升级中具有举足轻重的作用。大力发展职业教育,既是我国经济社会发展的需要,也是实现教育现代化的必然要求。我们要高度重视职业教育,为全面建设社会主义现代化国家、实现中华民族伟大复兴的中国梦提供有力人才支撑。

二、职业教育发展现状

　　职业教育发展历史悠久。国内外各国职业教育的发展历史,可以看作是一部劳动力技能增长的演进史。职业教育的发展重点也由最初培养大量劳动力的中等职业教育,逐渐过渡到培养高质量劳动者的高等职业教育。

(一)职业教育体系

1.中等职业教育

中等职业教育是职业教育的基础,一直以来都受到重视并得以稳步发展。西方国家受经济发展、就业需求等因素的影响,对中等职业教育发展研究起步较早。以杜威为代表的实用主义学者们,从经济和科学发展的需求考虑,主张把职业教育纳入学校教育之中,并且提出应重点发展中等职业教育。与此同时,美国政府也加大了对中等职业教育的扶持力度。例如,1920 年美国联邦政府颁布《史密斯—费斯法案》、1934 年颁布《乔治—埃利泽法》、1936年颁布《乔治—迪恩法》,上述法律都明确规定了要对职业教育领域提供资金援助,加大对中等职业教育的财政扶持力度。在中等职业教育的发展情况方面,有研究者对中等职业教育学生的学习满意度进行了调查,调研结果显示,中职教育学生期望重新设计职业教育课程。[①] 苏拿(Solga)在对德国职业教育开展的研究中指出,先进的中等职业教育是德国 20 世纪产业发展、竞争力提升的主要原因[②],说明中等职业教育在当时发挥了重要作用。

从 20 世纪 50 年代开始,我国中等职业教育迎来了近 40 年的快速发展阶段。因为我国工业化发展亟需技术人员,各部委建立了大批中等专业学校和技工学校,以培养技能型建设人才。我国中等职业教育受政府扶持得以迅速发展。改革开放之后,国家出台一系列政策调整中等职业教育结构,以适应经济发展需求,如 1980 年《关于中等教育结构改革的报告》。随着我国经济结构转型,中等职业教育在 1990 年底面临发展危机。与发达国家相比,我

---

① Karen D. No child left behind?: Sociology ignored! [M]//Alan R, Jennifer A, George W, et al. No Child Left Behind and the Reduction of the Achievement Gap. New York: Routledge, 2013: 13-21.

② Solga H, Protsch P, Ebner C, et al. The German vocational education and training system: Its institutional configuration, strengths, and challenges [R]. WZB Discussion Paper, 2014.

国中等职业教育还处于探索阶段,存在职业教育的认可度偏低、经费投入不足、培养定位不准、体系不完善等问题。①

2.高等职业教育

新时代职业教育高质量发展是适应经济发展新常态的主动选择。随着经济结构升级调整,中等职业教育矛盾日益凸显,高等教育作为提升各国竞争力、培养高质量人才的主要形式,备受各国关注。

国外政府推动高等职业教育的一种政策手段就是将职业教育摆放在整个教育体系的突出位置,为职业教育的发展投入了大量资金和支持。例如,加拿大政府为高职教育发展提供了有力引领,在经费划拨、对区域内教育发展的合理规划、组织教师培训、制定法律法规、作出重大决策等方面扮演了重要角色。② 加拿大在政府、教育专家、学校管理者的共同努力下,形成了完善的高等职业教育理论研究体系。澳大利亚政府也对高职教育的发展起到了积极引领作用,并通过发展职业教育助推了澳大利亚的经济建设,形成了良性循环。

我国邹群峰、赵玉星、刘晓明等多位学者对政府部门推动职业教育发展的相关问题进行研究后发现,我国政府对职业教育的重视仍停留在理论层面,在校企合作等实践层面较为薄弱。截至2021年底,我国普通高等教育和高等职业教育的在校生数量比为1∶0.85,普通高等教育与高等职业教育的在校生规模已基本达到总量接近、同等重要的状态。但是我国高等职业教育仍旧存在学历结构不合理、专业体系陈旧、校企合作缺乏长效机制等问题。为适应经济转型和社会发展的需要,2021年全国职业教育大会提出"加快构建现代职业教育体系",在很大程度上促进了高等职业教育体系的发展与完善。针对上述问题,也有研究者提出了高等职业教育高质量发展的相应对

---

① 周梦,邢志敏.浅析我国职业教育发展的经费状况及对策[J].当代教育论坛(宏观教育研究),2007(4):113-115;楚艳霞.人力资本投资中的职业教育[J].边疆经济与文化,2008(11):127-130.

② Dyde W F. Public Secondary Education in Canada[M]. New York：AMS Press,1972.

策。周锦年认为我国高等职业教育发展可以从创新创业改革、工匠精神培养、互联网运用三个方面进行改革,培养高素质人才。[1] 张太宇等指出,职业教育高质量发展应坚持职业生涯导向,构筑适应新时代职业教育高质量发展的质量保障机制;保障职业教育服务精准供给,构筑适应现代产业体系创新发展的产教联动机制;创新办学体制机制,构筑现代化产业学院特色发展的多方共建共管支持体系;服务"一带一路"建设,推进中国特色职业教育国际化向纵深发展。[2]

(二)典型职业教育的模式

从世界职业教育发展的现状来看,目前德国、美国和日本的职业教育发展较为典型。了解这些国家职业教育发展的历程和经验,对探索和完善我国职业教育体系和发展道路具有较强的借鉴意义。

1.德国的"双元制"职业教育模式

德国"双元制"职业教育是指职业学校和企业两大体系同时对学员进行系统培养的过程。"双元制"模式的具体实施流程是:德国青年在完成九年义务教育之后,有从事职业教育的意愿,就可以向意向企业或当地政府提交愿意接受职业教育的申请,达成意向后可以签订职业教育合同。德国"双元制"职业教育模式充分体现了企业与职业学校紧密结合,实践与理论相互衔接的双元特点[3],被誉为全球楷模,培养了大批高素质的职业人才,为德国成为世界数一数二的制造业强国做出了不可替代的贡献。"双元制"职业教育模式是德国探索出的理论学习和实践学习同步进行的职业教育模式。该模式在世界职业教育领域处于领先地位,受到研究者的广泛关注。

对德国"双元制"职业教育模式的早期研究内容包括职业教育课程体系、职业教育的普及性、培训场地等问题,大量学者通过对这些问题进行探讨来

①　周锦年.论当代中国高等职业教育发展的新趋势[J].高教学刊,2021(19):193-196.
②　张太宇,郭美洪.新发展理念背景下职业教育质量观的构建路径[J].教育理论与实践,2021(33):25-27.
③　程宇.中国职业教育与经济发展互动效应研究[D].长春:吉林大学,2020.

总结"双元制"的教育经验。科里克尔(Cockrill)和斯科特(Scott)通过对双元制的教育实质进行研究,总结德国"双元制"职业教育模式的特点是:将理论和实践有机联系起来,通过培训培养学生的核心实践能力,同时,还要使普通教育与职业教育有机结合起来。[①] 程宇在对德国"双元制"职业教育模式的研究中指出,该模式的特点是:学校的教育与企业实训深度融合,具有完善的法律保障体系,培养目标明确,社会氛围浓厚。[②] 这些特点为国内外职业教育发展和研究提供了有效的经验,许多国家借鉴该模式的特点,研究和发展本国的职业教育。例如,我国学者通过对德国学习领域中的教学体系变化的深入探究,从教学目标、教学内容、教学方法等方面对我国的职业教育发展提出指导意见。新加坡在"双元制"基础上进一步优化升级,形成"双师制"。

总体来看,德国"双元制"职业教育模式既为德国培养了大批职业人才,其发展的独到之处也受到了世界各国的普遍认可,是世界职业教育发展的典范。正如德国联邦政府发布的《2017年职业教育报告》所强调的那样,"'双元制'职业教育是保持和增强德国经济竞争力和创新力的支柱,是德国作为经济强国的创新力和竞争力的根本保障"[③]。但德国"双元制"职业教育模式在发展过程中也存在一些问题,随着社会经济迅速发展,技术更新加速,"双元制"的培养模式呈现出适应滞后的状况。"双元"培训主体,即学校和企业之间协调问题、普通教育与职业教育的衔接问题等需要得到研究者重视。

2.英国学徒制

在英国的职业教育体系中,学徒制是沿袭百年的重要方式之一。工业化时代,学徒制曾为英国的工业化发展培养了一批高素质劳动力。为推动职业教育改革、改变人才观念,2015年3月英国政府推出学位学徒制,致力于把职业教育延伸到高等教育范畴,努力打破学术教育与职业教育的边界。学徒制

① Cockrill A,Scott P. Vocational education and training in Germany:Trends and issues [J]. Journal of Vocational Education and Training,1997,49(3):337-350.

② 程宇.中国职业教育与经济发展互动效应研究[D].长春:吉林大学,2020.

③ 刘立新.工业4.0背景下德国职业教育4.0发展述评及启示——基于德国联邦政府《2017年职业教育报告》[J].中国职业技术教育,2017(18):5-12.

是基于班级教育和实际培训相结合的一项培训计划。英国学徒制包括 2—7 级。其中 2 级属于中级,3 级属于高级,4—7 级属于高等。高等学徒制中的 6 级和 7 级属于学位学徒制。① 学位学徒制的出现,是英国技术进步对就业人员提出的新要求;学位学徒制的实施,能够在一定程度上满足企业对高层次应用型人才的需求,能够促进高校教育教学创新,并促进学徒发展。

纵观英国学徒制发展的历史脉络,学徒制的发展有以下特点:首先,与时俱进。学徒制的发展演变同时代变革、经济变迁密切相关。紧跟英国工业化发展步伐,培养适应经济发展所需的劳动者,是学徒制的一大特色。在中世纪的英国,学徒制在技能的代际传递方面表现突出。英国海外殖民扩张时期,为培养机器使用的工厂学徒制应运而生。随着第三次工业革命的到来,数字行业、银行业等学徒培训服务需求不断增长。其次,政府扶持。英国学徒制作为沿用百年的职业教育方式,其发展和传承离不开英国政府在制度和经济上的规范和支持。1964 年颁布的《产业培训法》预示着政府正式开始干预学徒制的发展;1993 年政府宣布开展"现代学徒制计划"标志着政府开始正式主导学徒制;在此后的 20 年内,政府颁布了一系列关于学徒制的法律法规,最典型的当数 2009 年的《学徒制、技能、儿童与学习法案》②,这是英国较为综合的职业教育法案,其中的内容保证了学徒制发展的规范性和标准化。

3. 美国 CBE 模式

美国职业教育培训的人才是"宽专多能型",这与其社会特征是相吻合的。其培养模式主要是 CBE 模式,即"以能力为基础的教育"(Competency Based Education,CBE),产生于二次大战后,现在广泛应用于美国、加拿大等北美国家的职业教育中,也是当今一种较为先进的职业教育模式。该模式注重学生以后的发展及各种职业发展方向,通过让学生学习更多、更广泛的基础知识,使其能适应社会上的很多职业。CBE 模式的具体实施步骤包括以下

---

① 刘育锋.英国学位学徒制:内容、原因及借鉴[J].中国职业技术教育,2020(36):58-64.
② 陈志铅.英国现代学徒制发展研究(20 世纪 60 年代以来)[D].福州:福建师范大学,2020.

两方面:首先,由学校聘请行业中一批具有代表性的专家组成专业委员会,按照岗位的需要,层层分解,确定从事这一职业所应具备的能力,明确培养目标;其次,由学校组织相关教学人员,按照教学规律,将相同、相近的各项能力进行总结、归纳,构成教学模块,制定教学大纲,因材施教。其科学性体现在它打破了以传统的公共课、基础课为主导的教学模式,强调以岗位群所需职业能力的培养为核心,保证了职业能力培养目标的顺利实现。

三、我国职业教育的发展

我国现代职业教育的历史源头可追溯到 150 多年前于同治五年(1866)成立的福建船政学堂,它是我国最早的现代职业教育机构。20 世纪 50 年代,中国学习苏联开始工业化进程。随着我国第一个国民经济五年计划开始,重点工程的建设急需大量各类中等专业管理和技术人才。为了快速填补人才缺口,国家把重心放在培养周期短、人才实用性强的中等职业教育上。在此阶段,政府部门在全国兴办了大量的技工学校和各种形式的"半工半读"学校,最大化地提高劳动力职业技术水平,以满足我国工业化发展的需求。这一时期的中等专业学校为我国当时的经济建设培养了大批的技术型人才。这种中等职业教育重点发展的状况一直持续到 20 世纪 90 年代。

随着改革开放,我国进入了国家体制改革、经济转轨等关键时期。中共中央根据发展需求出台重大纲领性文件及配套专项政策举措,确保职业教育始终与经济社会发展需求相适应。1980 年教育部、国家劳动总局出台《关于中等教育结构改革的报告》,形成了多部门、多行业共办中等职业教育的途径与格局。1985 年《中共中央关于教育体制改革的决定》提出了"调整中等教育结构,大力发展职业技术教育"的方针。这些关于职业教育发展的政策的颁布,为新时期职业教育发展确定了基调,这一阶段中等职业教育获得了前所未有的发展。到 1996 年,中等职业学校招生数和在校生数占高中阶段招生数和在校生数的比例分别为 57.68% 和 56.77%,达到了新时期的最高点。

20 世纪 90 年代,我国经济发展开始由计划经济体制向市场经济体制转型。与此同时,知识经济大潮席卷而来,高等教育快速发展。受经济转型的影响,中等职业教育出现困顿与危机。经济发展的转型期间,对劳动力的需求,由追求劳动力数量阶段转向提升劳动力质量阶段。中国经济发展对知识技能型人才需求更为显著。1996 年《中华人民共和国职业教育法》正式颁布,以立法的形式明确了职业教育的地位、体系构成,以及政府和有关方面在发展职业教育中的责任。同时,为应对知识经济对传统职业教育的冲击,寻求职业教育发展的新突破,将发展高等职业教育提上议事日程,并开始质量提升和内涵建设。

党的十八大以来,尤其是国务院颁布《国家职业教育改革实施方案》(简称"职教 20 条")以来,我国职业教育改革发展走上提质培优、增值赋能的快车道,职业教育面貌发生了格局性变化。2014 年全国职业教育工作会议提出"构建现代职业教育体系"。2019 年,国务院《国家职业教育改革实施方案》的印发意味着国家将职业教育提升到了和普通教育同等的地位上。2021 年全国职业教育大会提出加快构建现代职业教育体系的目标。构建中国特色现代职业教育体系,是实现国家"十四五"规划和 2035 年远景目标的必然要求,是深化国家职业教育改革的必然要求,是推动职业教育高质量发展的必然要求。《职业教育法修订草案》对职业教育提出明确的目标——"培养技术技能人才",强调职业教育活动必须坚持立德树人、德技并修,坚持产教融合、校企合作,坚持面向市场、促进就业,坚持面向实践、强化能力,坚持面向人人、因材施教。

经过多年发展,我国拥有了世界上规模最大的职业教育体系。截至 2018 年,我国有职业院校 1.17 万所,在校生 2685.5 万人。中等和高等职业教育招生和在校生规模分别占我国高中阶段教育和高等教育的"半壁江山"。当前,职业教育发展仍存在短板,如学历层次不完整、区域差异较大、教师队伍建设质量不高,以及产教融合与校企合作中企业参与的广度和深度还不够等问题。从地域视角分析,我国东、中、西部地区职业教育发展不平衡,中、西部地区的教育基础较差、教育资源匮乏、教育质量不高。特别是随着高等职业教育的发展,教师数量不足、师资结构不合理等问题不断凸显。在当今我国社会经济高速转型升级的大背景下,技术技能型人才在人才总量中的占比不但远远落后于发达国家,也低于世界平均水平(30％～50％),高技术技能型人才缺口已成为制约我国产业结构调整及技术结构升级的重要"瓶颈"之一。2010 年,《国家中长期教育改革和发展规划纲要(2010—2020 年)》强调要"培养大批具有国际视野、通晓国际规则、能够参与国际事务和国际竞争的国际化人才"。在当今知识经济和信息化时代,培养国际化人才是实现我国教育国际化和现代化的重要内容和必要途径。

第二节　残疾人职业教育

残疾人职业教育作为向各类残疾人传授从事某种生产或工作所需职业知识和技能的教育形式,有助于改善残疾人的就业状况,对帮助残疾人实现生活小康及完成共同富裕的中国梦,都有着重大意义。

一、残疾人职业教育发展的背景

残疾人历来是社会发展过程中的弱势群体,需要教育、医疗卫生、就业、社会保障等多方面的特殊照顾和支持保障。从国家层面来看,残疾人融入社会的程度直接反映一个国家的经济发展实力和社会文明进步水平。有效解决残疾人的生活、就业等民生问题,是当前阶段国家和社会所关注的重点问题。其中,培养残疾人独立生活、自力更生的能力是解决问题的关键所在。残疾人的特殊生理、心理特点及特殊教育需求,决定了其教育的核心和重点是以职业技能培养为主。因此,发展残疾人职业教育,培养和提高残疾人的劳动技能是解决残疾人生活和生存问题的基本保障。一方面,职业教育保证了残疾人的平等受教育权,促进教育公平的实现,使很大一部分残疾人可以受到高水平的教育;另一方面,职业教育有利于提升残疾人的职业技能和就业创业能力,有利于帮助贫困残疾人脱贫增收,阻断贫困代际传递,加快残疾人小康进程,确保全面小康路上不让一个人掉队。

从社会层面出发,我国残疾人人口基数大,且受教育水平亟须提高。目前全球经济形势严峻,受疫情影响,各国停工停产,导致失业人口增加,使得残疾人的就业压力进一步增加。在面临艰难的就业压力和就业市场状况的当下,提高残疾人职业技能,提升就业竞争力是重要问题。2020 年,全国教育事业发展统计公报的统计数据显示,全国约有 8500 万残疾人,而特殊教育学校在校生人数仅为 88.08 万人,其中残疾人中等职业学校(班)147 所,在校生 17877 人,毕业生 4281 人,毕业生中 1461 人获得职业资格证书。① 上述数据表明,当前我国残疾人职业教育学校数量较少,存在供需不平衡的问题,且目前我国残疾人职业教育主要集中在中等职业教育阶段,高等职业教育较少,在教育体系、课程、师资等方面存在不同程度的问题。为此,我国出台了相应政策,为残疾人职业教育的发展提供了指导和保障。2017 年修订的《残疾人教育条例》从招生、办学、课程等方面对残疾人职业教育作出具体要求,明确支持"残疾人职业教育应当大力发展中等职业教育,加快发展高等职业教育,积极开展以实用技术为主的中期、短期培训,以提高就业能力为主,培养技术技能人才,并加强对残疾学生的就业指导"②。2018 年颁布的《关于加快发展残疾人职业教育的若干意见》,对残疾人职业教育的发展提出了明确的要求和解决措施。

二、残疾人职业教育的发展现状

相较于国外,我国的残疾人职业教育发展起步较晚。国外在残疾人职业教育发展理念、理论研究和教育实践方面的经验,为我国职业教育发展提供了丰富的借鉴典范。

(一)残疾人职业教育理念

19 世纪,受民权运动影响,融合教育思潮开始萌芽并得到迅速发展。受

---

① 中国残疾人联合会.2020 年残疾人事业发展统计公报[EB/OL].(2021-04-09)[2022-02-11].https://www.cdpf.org.cn/zwgk/zccx/tjgb/d4baf2be2102461e96259fdf13852841.htm.

② 教育部.残疾人教育条例[EB/OL].(2017-02-23)[2022-02-10].https://www.gov.cn/zhengce/content/2017-02/23/content_5170264.htm.

此理念的影响,学术界对残疾人职业教育进行了新的思考,更为关注残疾人融入社会的需求。科尼什(Cornish)认为针对残疾学生的教育,既要考虑到更高层次的教育需求,又要跟进后续更高阶段的学习计划。① 塞菲尔特(Seifert)提出要培养残疾人学术的职业探索能力。② 福廷(Fortin)等学者认为,职业教育课程既要考虑残疾学生实际需求,也要兼顾残疾人未来职业发展和社会融入。③

我国关于残疾人职业教育的探讨主要围绕职业教育的目标和内容展开。顾然、杨雨溪将残疾人职业教育看作职业学校教育,其目标是培养具备一定文化水平和职业技能的残疾人劳动者。④ 受全纳教育思想的影响,我国提出"普职融通"职业教育理念,即把残疾人的普通教育与职业教育融合起来,共同服务于职业技术人才培养。⑤ 随着我国职业教育的迅速发展,残疾人职业教育体系不断完善,统揽残疾人职业教育发展全局发现,残疾人职业教育的内涵已经从简单的职业技能培养,逐渐发展为"兼顾残疾人康复和教育,同步促进残疾人康复和职业技能提升"的现代残疾人职业教育新理念。

(二)残疾人职业教育实践

1.残疾人职业教育立法

残疾人职业教育对残疾人广泛参与社会生活有着重要意义。泰勒(Taylor)等人对残疾人职业教育的研究表明,接受职业教育的特殊人士比没有接受职业教育人士的就业率更高,说明了职业教育可以增加特殊人士的就

---

① Cornish D. Deaf to Indigenous children's needs: Better hearing would make a big difference to the lives of indigenous Australians[J]. Policy, 2011, 27(2): 20-22.

② Seifert K H. Improving prediction of career adjustment with measures of career development[J]. The Career Development Quarterly, 1994, 42(4): 353-366.

③ Fortin D. Exploring social work in Italy: The case of university training of "Social health educators"[J]. Social Work Education, 2013, 32(1): 17-38.

④ 顾然,杨雨溪.核心素养理念对残疾人职业教育影响研究[J].教育现代化,2019,6(90):281-282.

⑤ 李尚卫,沈有禄.我国特殊职业教育发展战略:回顾与展望[J].中国职业技术教育,2019(16):37-43.

业率。① 纵观特殊教育发展较发达的国家的残疾人职业教育发展,例如,美国、德国、日本、英国等,既有相对完善的立法保障残疾人的平等权利,又有完善的职业教育体系,保障了职业教育的质量。作为欧盟人口最多的国家,德国在《宪法》中要求"不得因残疾歧视任何人",保障残疾人享有与普通人同样的权利;在《残疾人平等法》中,其对残疾人的教育、出行、劳动就业及社会生活等方面,同样做出了明确的平等权利保障要求。这两部法律确保残疾人在接受教育方面与普通人享有同样的机会和资源,为残疾人职业教育的发展奠定了基础。在保障残疾人平等的权利方面,日本则颁布了《残疾人基本法》《残疾人福利法》《残疾人教育法》《残疾人雇用促进法》《残疾人职业训练法》等一系列法律。美国颁布了《美国残疾人法》《残疾人教育法》及其修正案《残疾人教育促进法》《康复法案》《联邦无障碍法规》《不让一个孩子掉队》《建筑障碍法案》《学校到工作机会法案》《障碍者教育促进法》和《美国教育法案》等。不论日本还是美国,抑或是欧洲国家,通过多年的完善立法,为残疾人平等的受教育权利和就业选择提供了最全面的法律保障。

相对这些发达国家而言,我国残疾人教育起步较晚,发展较为落后。与欧美等国家不同,我国残疾人职业教育相关法律相对少一些,政策性文件对残疾人职业教育的推动作用体现得更为突出。改革开放前,我国残疾人职业教育只是零散的盲聋哑儿童职业劳动教育。直至 20 世纪 80 年代,我国残疾人职业教育才被学界所关注,残疾人职业教育代替了劳动教育。1990 年《中华人民共和国残疾人保障法》和 1994 年《残疾人教育条例》均提出要着重发展职业教育。1996 年,《中华人民共和国职业教育法》提出扶持残疾人职业教育发展。这些政策法规的颁布,为残疾人职业教育奠定了坚实的法律基础,此后残疾人职业教育开始了长达十年的漫长发展阶段。随后《特殊教育提升计划》《中华人民共和国残疾人保障法》等一系列支持性法律政策的颁

---

① Shattuck P T, Narendorf S C, Cooper B, et al. Postsecondary education and employment among youth with an autism spectrum disorder[J]. Pediatrics, 2012, 129 (6): 1042-1049.

布,使残疾人接受职业教育的机会不断扩大,教育质量不断提升。2018 年,教育部等四部门发布《关于加快发展残疾人职业教育的若干意见》,其中对我国残疾人职业教育的目标、体系、师资、就业、支持等方面做了系列的指导和明确要求,推动了我国残疾人职业教育的迅速发展。2019 年,《国家职业教育改革实施方案》的颁布实施奏响了新时代职业教育的最强音。

2. 残疾人职业教育实践

在残疾人职业教育实践方面,各国建立了不同的残疾人职业教育模式。德国实施"双元制"职业教育模式,即残疾人既要有职业院校的理论学习,又要接受企业的技能培训。"双元制"职业教育通过校企合作的形式,同时实现了对残疾人的理论教育和职业技能教育。美国构建了多元化的职业教育体系,可以满足不同层次残疾人的不同需求。而日本在职业体系中,充分体现了融合教育的理念,既有专门的残疾人职业教育院校,如筑波技术短期大学,又有接纳残疾人的普通职业院校。目前我国残疾人职业教育有完整的教育体系,高等职业教育相对薄弱,并且高等职业教育招生范围窄,主要面向视觉障碍和听觉障碍两类残疾人招生。此外,我国不同障碍类型的残疾人职业教育发展程度存在差异:视觉障碍和听觉障碍两种类型的残疾人职业教育发展水平较高,就业及职后适应状况良好;智力障碍和自闭症等障碍类型的职业教育发展水平相对较差,且就业率低,职后适应状况差。

为促进残疾人就业,我国政府有关部门设立的众多公共就业服务机构为残疾人免费提供就业服务,例如,组织开展免费的职业指导、职业介绍和职业培训,为残疾人就业和用人单位招用残疾人提供服务和帮助。例如,2007 年《残疾人就业条例》规定:用人单位安排残疾人就业的比例不得低于本单位在职职工总数的 1.5%[①],具体比例由省、自治区、直辖市人民政府根据本地区的实际情况规定。此外,国家采取财政补贴、福利工厂等形式,援助残疾人解决就业问题,保障了残疾人职业教育的人才输出。通过多年的努力,我国残

[①]　国务院. 残疾人就业条例［EB/OL］.（2007-02-25）［2022-03-06］. www. gov. cn/zhengce/2007-03/05/content_2602471. htm.

疾人就业人数逐年增加。根据《2020年残疾人事业发展统计公报》：2020年城乡持证残疾人新增就业38.1万人，其中，城镇新增就业13.2万人，农村新增就业24.9万人；城乡新增残疾人实名培训38.2万人。全国城乡持证残疾人就业人数为861.7万人，其中按比例就业78.4万人，集中就业27.8万人，个体就业63.4万人，公益性岗位就业14.7万人，辅助性就业14.3万人，灵活就业（含社区、居家就业）238.8万人，从事农业种养加工424.3万人。①

三、我国残疾人职业教育发展面临的问题

近年来，我国残疾人职业教育得到较快发展，规模明显扩大，保障条件也逐步得到完善。但总体来看，残疾人职业教育整体水平有待提高，其中办学水平偏低、师资力量薄弱、布局不合理等问题依然比较突出。

（一）残疾人职业教育区域发展差异明显

受地理位置、地形、国家发展政策等多方因素的影响，我国经济发展格局表现为：东部沿海地区经济发展较快，经济文化实力雄厚，中部地区次之，西部地区相对滞后。如此地域差异，在教育和社会文化方面亦有体现。教育方面的区域差异在各地区残疾人职业教育学校的数量上体现较为明显，如表2-1所示，东部地区残疾人职业教育学校数量最多，且学校分布较为集中，主要集中在山东、上海、江苏、广东等省份，西部省份残疾人职业教育学校数量则较少。

表 2-1　不同地区残疾人职业学校数量

地区	北京	天津	山东	上海	江苏	广东	青海	西藏
职业学校数量/所	84	27	369	220	115	170	5	1

注：以上数据来源于2019年统计年鉴、中国残疾人联合会。

（二）残疾人职业教育存在结构不均衡现象

我国残疾人职业教育在结构方面的不均衡现象主要体现在以下两方面：

---

① 中国残疾人联合会.2020年残疾人事业发展统计公报[EB/OL].(2021-04-09)[2022-02-11].https://www.cdpf.org.cn/zwgk/zccx/tjgb/d4baf2be2102461e96259fdf13852841.htm.

第一，纵观特殊教育发展历史，各类障碍类型儿童的教育发展历程不一致。根据不同障碍类型的职业教育状况来看，听觉障碍、视觉障碍儿童的职业教育发展较好，其他障碍类型儿童（例如智力障碍、自闭症等）的职业教育发展状况相对落后。在我国残疾人职业教育机构中，听觉障碍、视觉障碍职业技能培训机构数量最多。通过中国知网检索相关研究文献发现，文献研究的热点依然集中在听障和视障方面，智力障碍次之，自闭症等其他障碍类型的相关文献研究很少。[①] 第二，在职业教育发展层次方面，存在中高等职业教育发展不均衡的现象。中等职业教育旨在为社会发展培养一批在生产、服务一线工作的高素质劳动者和技能型人才。这种职业技能的学习形式，符合希望残疾人掌握一技之长的家长的心理和需求，因此中等残疾人职业教育迅速发展，但同时也面临严重的高等职业教育发展危机。总体而言，我国中等职业教育发展良好，而高等职业教育发展薄弱，中高等职业教育在学制体系上不能顺畅衔接，这直接导致残疾人职业教学学制、招生等方面出现断层。并且，高等残疾人职业教育薄弱，高层次职业人才培养力度不足，也导致残疾人职业人才结构出现两极分化。

（三）残疾人职业教育缺乏完善的法律保障体系

教育立法是现代教育普及化、公共化、民主化的要求，一方面可以保障公民的教育权利，另一方面可以促进教育事业的发展。当前阶段，我国残疾人职业教育仍旧缺乏完善的法律保障体系，没有颁布残疾人职业教育的专项法律，国家对残疾人职业教育发展的推动，多以政策法规的形式颁布，例如《残疾人教育条例》《特殊教育提升计划》《关于加快发展残疾人职业教育的若干意见》《残疾人就业条例》等。地方政府根据国家文件精神，颁布本地区政府文件，以促进当地残疾人事业发展。在我国职业教育发展历程中，关于职业教育的专项立法只有《中华人民共和国职业教育法》，在该部法律中对残疾人职业教育有所关注。虽然我国《中华人民共和国宪法》《中华人民共和国教育

---

① 郭文斌，张梁.残疾人职业教育研究热点及发展趋势[J].残疾人研究，2018(3)：57-65.

法》等国家法律条文中有对残疾人、残疾人教育、就业等问题的叙述,但是涉及的范围和内容不足以涵盖全部问题。这就导致部分残疾人由于缺少有针对性的法律保障和依据,出现教育、就业等权益受损的现象。

（四）残疾人职业教育师资队伍建设薄弱

师资力量既是残疾人职业教育发展的动力,也是推动教育发展的执行官。目前,师资力量不足是我国残疾人职业教育发展过程中的弱点,成为阻碍我国残疾人职业教育事业发展的一个重要因素。2020 年全国教育事业统计公报数据显示,特殊教育学校共有专任教师 6.62 万人,在校生 88.08 万人。按 1∶3 的师生比来计算,我国特殊教育专任教师数量是不足的。除了师资数量少,教师专业化能力不足也是一个重要问题。残疾人职业教育教师的学历起点偏低,高中、中专毕业占比接近一半,本科学历较少,研究生则更是凤毛麟角。他们当中有相当一部分来自普通师范、职业技术师范和普通高校,未接受过系统的特殊教育专业理论学习和技能训练,因而专业素养也较低。① 此外,随着"教育高质量发展"和"构建现代职业教育体系"等政策的提出,社会对残疾人职业教育教师的要求也逐渐提高,要求他们既要掌握普通职业教育知识和技能,又要掌握特殊教育专业知识,但是在目前的残疾人职业教师队伍中,二者兼备的"双师型"教师数量很少,需要进一步加强残疾人职业教育的师资队伍建设。

第三节　自闭症职业教育

就业是大龄自闭症儿童和青年实现自我价值和提升生活质量的重要方式。自闭症职业教育的实施和发展,是提升自闭症者职业技能,减轻其家庭负担,缓解家庭为自闭症儿童成年后生活状况焦虑的有效途径。同时,自闭

---

① 范莉莉,方仪.残疾人现代职业教育发展策略研究[J].教育理论与实践,2019(36)：22-24.

症职业教育也为自闭症学生融入社会奠定了良好的基础。

一、自闭症儿童职业教育的发展背景

自闭症作为一种广泛性发育障碍,被人们发现并进行研究的时间相对较晚。1943 年,美国精神科医生坎纳对他所研究的 11 例个案进行定义,首次使用了"自闭症"一词。自此自闭症才引起人们的广泛关注。在美国精神医学协会制定的诊断标准 DSM-5 中,自闭症(Autism)指的是儿童发展过程中,在社会交往、沟通及行为方面表现出来的严重障碍。相较于其他障碍类型,自闭症这一障碍类型虽然被学界关注的时间较晚,系统研究的历史相对较短,但是自闭症的人数增长却是最快的。美国疾病控制中心 2014 年公布的自闭症发生率为 1/68,到 2016 年,发生率则增长为 1/45。

据我国残疾人人口普查数据显示,自闭症已居我国精神残疾人口的首位。以我国当今接近 14 亿人口为基数,根据自闭症谱系障碍发生率进行推算,目前我国自闭症谱系障碍患者数量至少超过 1000 万,并且在 0—14 岁人群中,患者人数很有可能超过 200 万。随着自闭症儿童年龄的增长,其就业、社会生活等问题已成为重要的民生问题。据 2016 年《中国孤独症家庭需求蓝皮书》报道,成年自闭症就业率不到 10%[①],且多数就业者为高功能自闭症。

基于培养自闭症青少年和成人独立生活技能与社会适应能力的需求,职业教育成为教育的重要内容和途径。国内外研究学者对特殊儿童职业教育提出了一致的观点:职业教育对特殊儿童提高职业技能、提升就业率有很大帮助。韦斯特布鲁克(Westbrook)等人通过研究发现,接受过职业教育的自闭症青少年在行为习惯和社会适应能力方面都有提高,更容易获得就业机

---

① 李艳.国外自闭症谱系障碍者职业技能干预述评[J].现代特殊教育(高等教育研究),2017(10):62-70.

会。① 同时,职业教育也是自闭症儿童实现由学校到就业的转变、融入社会的重要途径。由此可见,职业教育对自闭症青少年来说,一方面,有利于提高其自身的能力,提高生活质量,促进就业;另一方面,有利于自闭症青少年融入社会,减轻家庭的经济和精神压力。

二、自闭症儿童职业教育的现状

通过文献搜索发现,与其他视觉、听觉、智力障碍等类型相比,对于自闭症儿童的相关研究起步较晚,研究数量较少,并且多数为心理学和医学领域的研究。在社会科学领域的研究,学者们关注的热点问题是自闭症儿童各种问题行为和能力的教育干预训练,对大龄自闭症的教育训练、就业、生活养护等社会保障方面的研究很少。在查阅相关资料后发现,对自闭症青少年职业教育的研究一方面比较关注对干预方法的探讨,另一方面关注就业转衔问题。

(一)自闭症儿童职业教育的方法

国内以自闭症青少年为研究对象,对其职业教育的研究较少,而国外以自闭症为研究对象的文献在近几年有所增多。近年来,国内外对自闭症学生职业技能干预训练方法的探讨有所增加,其具体研究内容包括以下几方面。

首先,自闭症学生的视觉优势,在职业技能训练中充分体现出来。例如,傅海贝②和张万丰等人③基于自闭症儿童视觉优势的特点,运用结构化教学法和视频示范教学法对自闭症儿童进行了职业技能训练。研究结果显示,视觉提示对自闭症儿童职业技能学习和职业能力提升效果明显。其次,基于学习理论的行为技能训练也被广泛应用于各种与职业相关的技能训练中。行

---

① Westbrook J D,Nye C,Fong C J,et al. Adult employment assistance services for persons with autism spectrum disorders:Effects on employment outcomes[J]. Campbell Systematic Reviews,2012,8(1):1-68.

② 傅海贝.浅谈结构化教学在自闭症学生职业技能教育中的实践运用[J].现代特殊教育,2020(11):58-60.

③ 张万丰,王园春,刘圆,等.视频示范教学法在自闭症谱系障碍者职业技能训练中的应用[J].现代特殊教育,2021(4):75-80.

为技能训练这一方法在国外已被广泛应用于各种人群的多种技能训练,在我国却运用较少,且在特殊人群职业教育中使用的研究更少。其中,王纯纯和陈建军对国外有关行为技能训练应用于自闭症谱系障碍者职业技能干预的实证研究进行了系统梳理。[①] 蒲云欢用行为技能训练的方法对自闭症儿童工作技能和态度进行干预训练后发现,该方法对自闭症儿童技能习得具有立即、维持和泛化的学习成效。[②] 最后,自闭症学生的职业教育模式开始受到关注。周旭东等人通过对浙江省宁波市达敏学校自闭症学生职业教育进行探索,提出自闭症职业教育的"达敏模式":从缺陷补偿转变为积极行为支持,从重视个体发展转变为强调生态化支持,从反复技能实操训练转变为重视适应生活、融入社会的训练。[③] 李倩雯和唐建荣探讨了新加坡新光小学课程设置状况,发现自闭症儿童基础教育不同阶段课程的相互衔接,可为学生接受高等职业教育起到很好的铺垫作用。[④] 这种关于自闭症儿童职业教育实践的探讨,通过总结已有的实践经验,为未来职业教育发展起到了很好的借鉴作用。

　　综上,上述研究既总结了研究者对自闭症学生进行职业技能训练的实践经验,丰富和完善了自闭症儿童职业教育的教育教学方法论;又为更多的研究者和实践教学者提供了经验和借鉴,为未来自闭症职业教育的理论研究奠定了实践基础。

　　(二)自闭症儿童就业及转衔

　　伴随自闭症成人数量增长产生的就业、社会生活等问题,成为令自闭症

---

① 王纯纯,陈建军.行为技能训练应用于自闭症谱系障碍者职业技能干预的研究述评[J].中国特殊教育,2021(9):40-46.

② 蒲云欢.自闭症青少年工作态度与工作技能的干预研究[D].重庆:重庆师范大学,2018.

③ 周旭东,姚俊,傅海贝.有效开展职业教育,为自闭症学生终身发展赋能——浙江省宁波市达敏学校的实践探索[J].现代特殊教育,2020(5):13-16.

④ 李倩雯,唐建荣.新加坡自闭症特殊学校课程设置研究——以新光学校为例[J].教育观察,2020,9(3):95-97.

儿童家长担忧的重要问题。就业是自闭症青少年职业教育的最终目标。而数据显示,2016 年我国自闭症人士的就业率不足 10%,在已就业人员中,多数为高功能自闭症。目前残疾人就业途径主要有庇护性就业、支持性就业和竞争性就业三种模式。在现阶段,庇护性就业(也称为辅助性就业)依然是我国残疾人集中就业的主流模式,而国外主要是支持性就业和竞争性就业为主。美国有 6%～10% 的成年自闭症人士参与竞争性就业,12% 以支持性就业的方式参与就业,而且均是兼职性质的工作。① 国内外的研究学者对自闭症青少年就业意愿进行调查研究发现,不少自闭症青少年有强烈的就业意愿,但由于工作能力不足,无法进入竞争性就业职场,因此很多大龄自闭症儿童处于居家或灵活就业状态。苏敏对自闭症者家庭就业需求度的调查显示,自闭症者家庭就业需求度较高的内容有:政府就业保障政策、融合就业环境建设、就业指导服务和支持。由此可见,接纳的社会环境、完善的社会支持保障是自闭症青少年和成人胜任工作的必要条件。②

就业是自闭症学生从学校生活到社会生活的一个重要过渡。生活环境、身心变化等,使得自闭症学生在转衔期将面临巨大挑战。因此,有效的就业转衔对于自闭症学生顺利实现就业显得至关重要。针对自闭症学生在就业转衔过程中存在的普遍性问题的干预,现已成为国外研究的热点。国外有关转衔服务的法律法规及制度建设已相对比较完善,从法律意义上为转衔服务提供了制度保障。英国颁布的《特殊教育需要指导原则》(1993)、《扫除成功的障碍》(2004),美国 1990 年颁布的《残疾人教育法案》、2004 年颁布的《身心障碍者教育促进法案》等都对特殊儿童转衔服务作了明确的要求,使得转衔计划在法律层面被确定下来,为转衔服务提供了有效的法律保障。特殊儿童转衔服务传入我国的时间相对较晚,并且我国特殊教育的发展不尽完善,在转衔服务方面的研究和实施相对较少。随着融合教育理念在我国的普遍推

---

① 李艳.国外自闭症谱系障碍者职业技能干预述评[J].现代特殊教育,2017(10):62-70.

② 苏敏.社会生态系统视角下自闭症者支持性就业分析——以深圳市自闭症者就业为例[J].智库时代,2018(36):284-286.

广,近几年对于转衔服务的研究在逐年增加。本书在已有的相关研究中,以启示类和经验类为主,总结了特殊教育发展良好国家和地区的经验。其中,徐添喜等人通过梳理国外自闭症学生就业转衔的相关研究发现,导致自闭症学生就业转衔失败的原因主要有社会交往能力不足、情绪行为问题和自我决策能力不足三个方面。① 于文文在对美国俄亥俄州自闭症学生就业转衔的实践研究中指出,完善的就业转衔保障机制、自我决策能力提升,是自闭症儿童顺利实现就业转衔的有效措施。② 周海霞提出就业转衔服务的影响因素主要集中在五个方面,分别是个人因素、家庭因素、社区因素、学校因素及雇主因素。③

三、自闭症儿童职业教育面临的困境

职业教育是自闭症儿童获得融入社会基本技能的有效途径。通过总结相关研究和实践案例发现,在自闭症儿童职业教育过程中,除了自闭症儿童认知水平低、学习能力差等自身因素的限制外,外部支持服务不能满足其需求也是自闭症儿童在职业教育和就业过程中面临的重要问题,其中主要包括职业教育体系不完善、师资力量薄弱、社会支持服务体系不健全等方面。

（一）职业教育体系不完善

目前,自闭症儿童的教育多停留于行为矫正、生活技能训练,并伴随职业技能训练缺乏的问题。从教育层面出发,目前自闭症儿童教育训练的重点在各种技能训练方面。由于家长、教师对自闭症儿童的职业期望比较低,职业教育一直被家长和教师忽视,处于边缘化状态。从障碍类型来看,我国自闭症儿童职业教育在所有障碍类型中,发展状况最差,一方面,多数自闭症儿童

① 徐添喜,张春宇,丁艳丽.国外自闭症谱系障碍学生就业转衔的相关研究及启示[J].现代特殊教育,2020(12):39-45.
② 于文文.美国俄亥俄州自闭症学生就业转衔的实践与启示[J].现代特殊教育,2015(16):17-22.
③ 周海霞.基于实训导师视角浅谈中职学生职业素养的培养实践[J].职业教育(中旬刊),2020,19(6):22-24.

仍停留在义务教育阶段的职业技能学习,只有极少数可以进入普通高校接受高等职业教育;另一方面,自闭症儿童职业教育缺乏系统的职业教育课程,内容仅停留在基本的技能训练层面。

(二)师资力量薄弱

教师是职业教育成功与否的关键因素。自闭症儿童职业教育教师队伍存在师资数量不足、结构不完善、专业素质低等问题。虽然近年来,特殊教育和职业教育师资招聘力度不断加大,但从专业背景来看,自闭症儿童职业教育专任教师数量较少,多数为普通教师或特教教师兼任。此外,普通中等职业教育教师缺少特殊教育专业知识,难以对自闭症儿童开展有针对性的职业教育,存在"双师型"教师数量不足的限制。因此,我国自闭症儿童职业教育的发展需要加强师资队伍建设。首先,教师专业性有待进一步提高。教师专业性是关乎教学质量的重要因素。在自闭症儿童职业教师队伍中,多数为文化课教师兼任。教师专业性差,自闭症儿童职业教育技能亦缺乏专业性。职业技能型教师少,且能力有待提升。提升职业教育教师的专业性,是提高自闭症儿童职业教育质量的关键。其次,师资结构需要进一步完善。师资结构是自闭症儿童职业教育师资队伍建设的重要方面。综合国内相关研究和实践发现,目前我国自闭症儿童职业教育在师资规模、学历结构、职称结构和生师比等方面存在很大的差异。自闭症儿童教育多集中在义务教育阶段,这一阶段以职业技能训练为主。职业技能训练的教师一般由特教教师兼职,少数技能性要求较高的教学内容采用临时聘请的形式进行。因此,特殊学校职业教育教师队伍建设较弱。

(三)社会支持服务体系有待进一步完善

自闭症儿童通常存在沟通和社会交往障碍、学习能力低下等问题,并且有研究指出,70%的自闭症儿童伴有智力水平低下。由于自身因素的限制,自闭症儿童在教育、生活中对外部环境支持服务的需求度相对较高。就目前已有的自闭症儿童职业教育、就业转衔实践及就业情况来分析,自闭症儿童职业教育在社会服务方面存在以下问题。

首先,社会支持不足。特殊儿童支持服务机构涉及学校、社区、残联、教育等部门。自闭症儿童职业教育及就业服务涉及支持机构繁多,但是各机构附属不同主体部分,容易出现支持机构协调运作不畅,出现服务分离、互相推诿等现象。

其次,就业服务有待完善。目前我国的自闭症就业服务以民间服务机构为主,公办服务机构和特殊教育机构为辅。这些民间服务机构由于没有充分的政策与资金保障,发展举步维艰,缺少终身服务制度。此外,现在的康复机构既没有收费标准,也没有服务标准,更没有真正懂该专业的机构监管部门,又加之服务机构远不能满足自闭症群体的实际需求,导致为自闭症者及其家庭提供的服务品质受到严重影响。

第三章　自闭症职业教育的理论基础

　　自闭症群体接受职业教育,有利于提高其自尊水平,提升生活品质,掌握某种劳动技能,从而促使其更好地融入社会生活。职业教育对于自闭症群体而言,还有助于增强其社会人际互动能力,培养生活独立性,减少对家长的依赖,进而增加自我成就感。由于自闭症的复杂性和特殊性,对其开展职业教育迫切需要理论指导,因此本章主要从生态发展理论、社会支持理论、社会伙伴关系、情境教学理论出发,对自闭症职业教育进行理论建构,为后续自闭症职业教育研究提供理论支撑和方向指导。

第一节　生态发展理论

一、生态发展理论概述

（一）生态发展理论的起源

　　生态发展理论最初源于生态学,被定义为:研究动物与其无机环境和有机环境的全部关系的科学。20世纪初,帕克(Park)和伯吉斯(Burgess)等首次将生态学的原理和方法运用于对人类社会问题的研究[1],他们认为人类与自然环境、社会环境之间形成一种共生(symbiosis)的关系,相互依存,不可分割。以此为契机,运用生态学解决人类社会问题开始有了长足的发展,随着

---

[1]　转引自:范国睿.教育生态学[M].北京:人民教育出版社,2019:6-8.

人类生态学和社会生态学相继被提出,城市生态学、人口生态学、行为生态学等较为深入的研究也应运而生,促成了生态发展理论的产生和发展。

20 世纪 20 年代,在教育领域和心理学领域已经关注到人类行为和生态环境之间的关系,尽管人们还未直接在教育领域提出"生态发展理论"这一术语。德国学者布泽曼(Busemann)等人进行学校生态学研究,提出"教育环境学"用以研究外部环境对儿童发展和教学活动的影响。20 世纪 40 年代,心理学家勒温(Lewin)提出经典的函数公式 $B=f(P,E)$,B 表示人的行为,P 表示个人,E 表示环境,f 表示行为与人和环境之间的函数关系。他认为个体行为发生某种改变时,需要重视个体自身及外部环境这两个因素。行为的发生,与个体和环境是一种变化的平衡。勒温对人的行为和环境的关系的关注,被许多学者认为开创了生态发展观的先河。[①] 紧接着,勒温的助手巴克(Baeker)和赖特(Wright)通过长达 25 年的对两个生态小镇的研究,将环境作为研究对象的一部分,开创了在自然环境中研究群体,以及通过现场研究行为与环境的交互作用。勒温和巴克等学者在生态学领域重视环境研究和强调实证研究,为后续生态发展理论的提出奠定了基础。

20 世纪 70 年代,布朗芬布伦纳(Bronfenbrenner)在勒温和巴克等人研究的基础上继续开发及完善,提出了生态发展观。[②] 旨在研究环境在整个人类生命中促进人类发展的过程。20 世纪 90 年代,我国学者李聪明运用生态发展理论对特殊教育进行教育反思,生态发展理论被逐步运用于我国特殊儿童的教育与研究。此后,国内众多学者纷纷围绕生态发展理论来建构特殊儿童教育研究理论框架,为更多特殊儿童融入社会发展提供理论指导。

---

① 桑标.应用发展心理学[M].杭州:浙江教育出版社,2008:35-40;Pence A R. Ecological research with children and families:From concepts to methodology[M]. New York:Teachers College Press,1988.

② Tudge J R H, Mokrova I, Hatfield B E, & Karnik R B. Uses and misuses of bronfenbrenner's bioecological theory of human development[J]. Journal of Family Theory & Review, 2009,1(4):198-210.

(二)生态发展理论的概念

生态发展理论,又称生态系统理论,是指在特定的时间和空间下,各个物种与生态环境之间透过物质与能量流动和相互作用而形成的整体。生态系统是生物与环境之间进行物质循环和能量转换的基本载体,因此在整个系统中具有自我调节功能。[①] 美国学者布朗芬布伦纳提出的生态发展理论被广泛应用于社会学科研究领域中,他强调生物个体处于一个相互影响、相互嵌套的系统环境结构模型中,总是直接或间接地受到环境影响,任何身处该系统环境中的个体,都必然要受到环境因素的干扰和影响。[②]

二、生态发展理论主要内容

(一)生态发展观

生态发展观强调儿童发展是一个寻求平衡的过程,着重考察环境与儿童之间的相互作用及环境对儿童发展的影响。生态发展观认为对儿童的研究应在真实的环境中,重视家庭、学校、社会等环境对儿童发展的影响。生态发展观的基本思想体现为:第一,有机体处于一个复杂关联的系统网络之中,既不能孤立存在也不能孤立行动;第二,所有有机体均受到来自内部和外部动因的影响;第三,个体主动塑造着环境,同时环境也在塑造着个体,个体力求达到并保持与环境的动态平衡以适应环境。[③]

生态发展观关注外部环境对儿童发展作用的同时,也重视儿童自身的作用,可以被看作环环相扣的同心结构。儿童的发展受外部环境影响,儿童自身的智力、认知、身体状况等对环境的选择、适应和创造同样影响儿童的成长。可以说儿童自身与环境形成一个相互依存的系统,两者达到最佳拟合度时有利于儿童的发展,反之则不利于儿童的发展。可以理解为当拟合度不高时,通过改变环境或提高儿童适应度能促进儿童的发展。这也为儿童教育提

---

① 匡跃辉.论生态规律[J].科学新闻,2008(15):46-48.
② 戴维·谢弗.社会性与人格发展[M].5版.陈会昌,等译.北京:人民邮电出版社,2012:92-95.
③ 桑标.应用发展心理学[M].杭州:浙江教育出版社,2008:37.

供了一种新的角度。

（二）生态发展理论构成要素

布朗芬布伦纳有关儿童发展的生物生态模型（Bio-Ecological Model）是生态发展观的代表，他创造性地引入"系统"的概念，把儿童放入一个更加宏观的生态系统中加以考察。根据与儿童发展密切相关的四种环境系统提出了生物生态模型（见图 3-1），由内到外分别是：微系统（micro-system）、中系统（mesosystem）、外系统（exosystem）和宏系统（macro-system）。

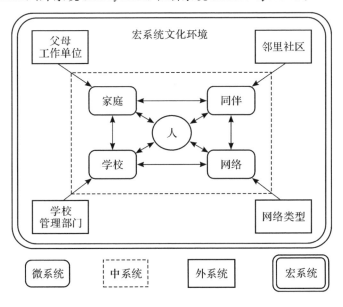

图 3-1　生物生态模型

这四个层次由小到大相互包容构成一个有机整体。其中，微系统是与个体紧密程度最高的系统，直接影响个体的发展与交往，例如家庭、同伴、学校等。中系统是将微系统相互串联起来的系统。外系统是指个体并未直接参与，但对个体发展产生间接影响的系统，例如父母的工作单位、社区组织、学校管理部门等。宏系统是指嵌于前面三种系统的社会文化与社会环境。最后，该系统模型还包括时间系统，也称为历时系统，认为四个系统会伴随时间变化而变化。布朗芬布伦纳的生态系统理论从社会整体视角由大到小考察个体在社会文化环境中受到的影响,较为全面地观察个体嵌入于各种环境因素,但该理论过于强调环境的影响,忽略了个体的主观能动性。

根据社会生态系统,对自闭症儿童实施职业教育要系统考察个体所处的社会环境,关注家庭、学校、社区组织、团体机构、政府、社会文化等,将诸多因素视为一个完整的生态系统,彼此之间相互产生影响,利用各层级之间的相互作用,帮助自闭症儿童提高社会适应力,完善对职业教育的支持服务体系。

三、生态发展理论在自闭症职业教育中的应用

心理治疗的方法被广泛应用于自闭症儿童的康复训练,有研究认为自闭症儿童的主要症状是沟通困难,缺乏社交技巧。单纯的普通教育或者心理辅导是远远不够的,普通教育无法满足自闭症儿童的个性化需求,心理辅导强调对个体行为的矫正和能力的提升,并不能帮助自闭症儿童习得群体生活中所需的社交技巧。① 生态发展观则把个体所需的生存环境看作一个整体,全面、具体、动态的系统,各系统彼此产生影响共同作用于个体发展。研究自闭症的学者们逐渐将视角转向更加系统和全面的生态发展观,通过把自闭症儿童放到宏观的环境中加以考察,重视自闭症儿童和环境的互动关系,根据自闭症儿童的发展需要改变环境或者提高自闭症适应能力来促进其发展,让自闭症儿童与所处环境达到一种良性平衡。

自闭症职业教育的根本目的是让自闭症学生能自食其力,更好地适应社会生活。生态发展观认为,应通过根据个体需要调整宏系统层面、外系统层面、中系统层面、微系统层面的环境,来提高自闭症学生自身的职业适应能力。

(一)微系统层面:增强个人自我认同感,积极融入社会

自闭症儿童由于自身存在生理缺陷,人际交往能力较弱,导致其心里容易产生焦虑与自卑感,缺乏自信心,对正常的社会交往感到无力甚至排斥抵

---

① Bock M A. SODA Strategy enhancing the social interaction skills of youngsters with Asperger Syndrome[J]. Intervention in School and Clinic,2001,36(5):272-278.

触,久而久之陷入孤立封闭的自我状态,不利于其自身健康发展。因此在个体层面,最根本的任务是要帮助其树立正确的价值观,增强自信心,树立正确的自我认知,进而增强个人的自我认同感,积极投身到社会生活中去接受职业教育。在微系统中与个体交往最直接、最亲密的家庭、同伴、学校等主体要积极主动帮助自闭症儿童打开心扉,建构积极心理,从而更好地接受职业教育。首先,在家庭中,父母要正确引导自闭症儿童积极接受早期干预治疗,形成和谐温暖的家庭氛围,让自闭症儿童不再孤单;其次,在学校生活中,教师要鼓励学生多参与社会实践,增强社会适应能力,提升自信心,打破自闭症儿童隔绝他人孤立自身的状态;最后,作为自闭症儿童的同伴,应该给予其鼓励,与其形成亲密融洽的伙伴关系,从而带动自闭症儿童更加主动地投入到群体社会生活中来。

(二)中系统层面:协调各微观系统机制,打造良性循环体系

自闭症儿童若处于健康和谐的微系统之中,会得到良性发展,若各微系统之中的某一环节处于割裂状态,则不利于儿童的发展。例如,若自闭症儿童在学校教育中受到歧视与排斥,教师缺少正确的教育观念与教学方式,学校的文化环境缺失关爱和包容的氛围,那么即使自闭症儿童在家庭中接受了良好的教育熏陶,其教育的效果也必定大打折扣。基于此,要注重各微系统要素之间的协调一致发展,良好的家庭教育有利于自闭症儿童参与学校生活,学校生活中良好的教育又能够增强和巩固儿童在家庭教育中的成果,二者相得益彰,彼此相互促进。只有统筹规划各微系统,打造良性循环体系,自闭症儿童才能健康发展,职业教育才能真正行之有效。

(三)宏系统层面:政府国家统筹规划,构建融洽社会文化

随着融合教育在全世界范围内的普及,社会公众对残疾人的接纳能力和包容度在逐渐提高,对于残疾人的歧视政策也在逐渐消失,残疾人研究越来越受到国家和研究者的重视。首先,在国家层面,要完善相关制度和政策法规的制定。残疾人群处于社会弱势地位,而自闭症群体的弱势地位尤为突出,职业教育是帮助自闭症群体获得经济来源、融入社会和实现自身价值的

重要途径和方式,但只依靠社会自发行为难以保障该群体充分获得受教育权益,因此迫切需要国家提供强有力的法律政策支持。虽然目前我国已经颁布了相关的政策法律,残疾人受教育的权益得到一定的保障,但在具体实施的过程中,缺乏有针对性的和具体的细则,政策法律可操作性较弱,未来需要针对实际过程中出现的问题,对相关制度和法规政策进行完善,以保障残疾人充分、满意地接受职业教育。其次,加强对残疾人职业教育的监督管理,政府相关行政部门、残联、民政、人社局及社会机构要积极配合残疾人职业教育工作的实施,加强对地方职业院校的监督管理,满足每一个残疾人接受职业教育的意愿。

第二节　社会支持理论

一、社会支持理论概述

(一)社会支持的起源

在研究残疾人社会保障体系的理论中,应用最多且最为广泛的是社会支持理论。社会支持是 20 世纪 70 年代首次在精神病学的研究中被提出来的,此后逐渐拓宽到其他研究领域,它与个体的生理、心理及社会适应能力相互联系。社会支持对于个体身心健康发展、情绪体验有着积极影响和重要意义。① 在早期的研究过程中,社会支持指的是满足个体需求,给予一定的同情和资源的帮助。20 世纪末,国内外的研究者开始聚焦于社会网络的构成及如何利用社会网络为个体提供社会支持。②

(二)社会支持的概念

社会支持这一概念对人们来说并不感到陌生,不存在理解上的困难。当

---

① 李运亭.解读压力[J].企业研究,2003(11):49-51.
② 梁君林.基于社会支持理论的社会保障再认识[J].苏州大学学报(哲学社会科学版),2013,34(1):42-48.

人类社会产生时,人和人之间的相互支持也相伴而生,但是各个学科领域之间,关于社会支持的定义和内涵尚未达成一致,到目前为止,社会支持这一概念仍然没有一个统一的界定。学者柯布(Cobb)认为,社会支持主要包括三个内容,相信自己受到了关心和爱护、相信自己有尊严和潜在价值、相信自己属于社会网络中的一员。① 在《健康心理学》一书中,泰勒(Taylor)认为社会支持包括两方面:其一来自个体所喜爱、尊重、珍惜和关注的人所提供的支持;其二来自亲戚朋友、配偶、父母和其他社会团体的相互交流及共同的责任。② 我国学者肖水源将社会支持划分为三个层面,即客观支持、主观支持及个体利用度。客观支持主要包括物质层面、社会网络及群体关系中的支持,是一种客观的、有形的、实际的支持;主观支持是指个体在社会互动中感受到尊重、支持和理解的情感体验;个体利用度是指个体对社会支持利用度的差异,人与人之间的支持是一种相互的过程,个体在对他人提供支持时,也为获得他人的支持奠定了基础。③ 国内学者程红娟等整理了国内外关于社会支持的研究,将社会支持的定义从社会资源作用、社会互动关系、社会行为性质等三方面进行总结。首先,从社会行为的性质来考虑,社会支持是指能够给予帮助或支持的一种行为或过程,是个体对社会需求的反应,是社会支持环境的来源,社会支持为个体提供的帮助是促进人类发展的力量或者因素;其次,从社会互动的角度来看,社会支持不仅仅是单方面的关心或者帮助,它还是社会成员之间的一种社会互动关系,在大多数情况下这种互动表现为一种社会交换;最后,从社会资源的功能来看,社会支持是指社会支持网络中两个成员(包括给予者和接受者)之间的资源互换。④ 李强表示,社会支持是指个体

①　Cobb S. Social support as a moderator of life stress[J]. Psychosomatic Medicine,1976,38(5):300-314.

②　Taylor S. E. Health Psychology[M]. Boston:McGraw-Hill,2003:235.

③　肖水源.《社会支持评定量表》的理论基础与研究应用[J].临床精神医学杂志,1994(2):98-100.

④　程虹娟,龚永辉,朱从书.青少年社会支持研究现状综述[J].健康心理学杂志,2003(5):351-353.

可以通过加强社会联系来减少内心应激反应,缓解精神紧绷,提高社会适应力,其中社会联系是指来自个体的家庭成员、亲戚、同事、朋友、团体和社区提供的包括物质和精神方面的援助。学者李强提出的社会资源作用的视角,在国内的研究中比较典型,大多数学者比较认同此观点。[①] 本书中的社会支持主要指个体接受来自除自身之外的一切支持,并且通过这种支持,提高自身社会适应能力。

二、社会支持理论的主要内容

(一)社会支持的核心要素

社会支持主要由主体、客体和内容三个要素构成。其中,支持主体是指包括政府、社区、社会组织和市场组织在内的社会支持供给者;支持客体是指在社会活动中遭遇某些困难而需要社会支持的弱势群体;支持内容是指为支持对象提供物质和精神两个层面的具体帮扶内容。

(二)社会支持的分类

从现有的研究来看,由于学者的研究出发点和角度不同,因此对社会支持的具体内容和分类各不相同。社会支持主要按照社会支持的内容(或功能)或社会支持的来源(或主体)进行划分。

1.社会支持的内容(或功能)

从社会支持的内容(或功能)来看,伴随社会支持理论研究的不断深入,研究者们发现基于不同类型的社会关系,可以将社会支持划分为不同类型。1976 年,学者卡汉(Kahn)和奎恩(Quinn)将社会支持分为三种,即情感支持、帮助支持、肯定支持,其中情感支持是指帮助个体建立融洽和亲切的人际关系,同时提供情感交流;帮助支持是指为个体提供有用信息和资源,让个体能够轻松适应环境中的压力;肯定支持指个体在面对困难时,帮助个体增强应

---

① 李强. 社会支持与个体心理健康[J]. 天津社会科学,1998(1):3-5.

对困难的信心和勇气。[①] 1983 年,贝蕾尔(Barrera)和艾因利(Ainlay)将社会支持分为指导帮助、物质帮助、行为帮助、交往行为帮助、反馈帮助和社会互动帮助六个方面。指导即为个体提供有效的信息;物质的帮助,即提供金钱或其他物质帮助;行为的帮助,如在体力劳动工作上给予帮助;交往行为,如表示尊敬、关切或理解;反馈,即对个体的想法、行为和情感提供个人反馈;社会互动帮助指为了娱乐和放松而参加的一种社会互动。[②] 1985 年,科恩(Cohen)和威尔森(Wills)基于资源的不同性质,将社会支持分为工具性支持、尊重支持、社会成员支持、信息支持四类。[③]

2. 社会支持的来源(或主体)

从社会支持的来源(或主体)来看,通常以社会支持的主体作为划分标准,将其分为正式和非正式的社会支持。正式社会支持包括提供系统化和制度化的社会支持,主要主体包括政府、社会组织、社区等,例如政府颁布的各项法律和政策、社会保障制度、社区援助等;非正式社会支持的主体包括社会专业人士、社会组织、个人网络等,例如专家学者提供的方法指导,个体的家庭、朋友、邻里给予的关爱。[④] 学者林顺利和孟亚男以支持主体作为划分依据,将社会支持划分为四个方面,即个体社交网络提供的社会支持、社区提供的非正式支持、政府和专业组织提供的正式支持、社会组织和社会专业人员提供的专业技术支持。[⑤] 学者许传新和王平将社会支持划分为三个层面:个体支持、群体支持、国家支持。个体支持指以人生价值为导向和以血缘关系

① Kahn R L, Quinn R P. Mental health: Social support and metropolitan problems[D]. Ann Arbor: University of Michigan, 1976.

② Barrera M, Ainlay S L. The structure of social support: A conceptual and empirical analysis[J]. Journal of Community Psychology, 1983, 11(2): 133-143.

③ Cohen S, Wills T A. Stress, social support, and the buffering hypothesis[J]. Psychological Bulletin, 1985, 98(2): 310-357.

④ 王玲. 基于社会支持理论视角的听障大学生就业指导问题初探[J]. 绥化学院学报, 2014, 34(10): 10-13.

⑤ 林顺利, 孟亚男. 国内弱势群体社会支持研究述评[J]. 甘肃社会科学, 2010(1): 132-135, 156.

为纽带的支持;群体支持系统即各种社会组织和团体,如学校或其他社会团体和组织的支持;国家支持主要指政府支持,指政府给被支持者提供法律层面的支持、社会舆论上的宣传、相关政策的优惠、社会行为的协调等。①

基于不同分类,学者们虽然对社会支持的本质理解存在差异,但其中许多观点是相互重叠的。

三、社会支持理论在自闭症职业教育中的应用

社会支持理论认为,个体所接受的社会支持不仅可以帮助其自身解决实际生活问题,而且通过外部环境的帮助,可以使个体提升自己能力,形成属于自己的社会支持网络,当个体在遇到类似的困境时,可以从这种网络中获取资源和帮助,促使问题得以解决。简而言之,社会支持是通过构建社会网络关系对弱势群体给予救助和服务,这种救助不单单强调单向的关怀,更多关注的是弱势群体改变自身地位,由被动变为主动,积极建构符合个体自身的社会支持网络,从而实现真正的意识自觉。

自闭症儿童是社会弱势群体,极易处于生活陷入风险和经济缺乏保障的状况,如果任由其长期发展,这些状况将成为影响社会稳定和社会发展的巨大隐患。应利用社会支持网络,帮助自闭症儿童从中获取救助和服务,改变自己处于社会不利地位的局面,并且在这一过程中,内化社会支持的观念,发挥个体主观能动,做到主动寻求社会帮助,最终使得社会支持机制得以平衡发展。因此应结合社会支持理论,从多维角度构建自闭症儿童职业教育支持保障体系,具体如图 3-2 所示。

图 3-2 试图从政府、企业、学校、社会公众等不同支持主体进行研究拓展,为残疾人职业教育提供相关法律法规、师资队伍、课程内容、实训基地、信息化平台构建等方面支持,力图为残疾人职业教育保障体系提供多方面、全方位的社会支持,保障残疾人群接受良好的职业教育。

(一)政府颁布相关法律法规

在致力推动自闭症职业教育事业发展的道路上,政府是主要的责任主

---

① 许传新,王平.高校贫困生的社会支持因素分析[J].社会,2002(7):15-17.

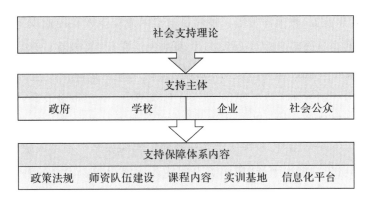

图 3-2　社会支持理论下的自闭症职业教育保障体系

体,是政策的制定者和践行者,负责制定与自闭症职业教育相关的法律法规、相关的政策实施细则及具体的管理体制等。但是,目前校企合作、产教融合、工学结合是职业教育发达国家培养技能型人才的主要方式,从我国目前自闭症职业教育发展的具体政策实践来看,我国在相关制度方面缺少相应保障,政府落实责任还不到位,在残疾人职业教育的经费保障、管理体制等方面还存在一定空缺,导致我国残疾人职业教育领域的校企合作、产教融合和工学结合流于表面,处于初步探索阶段,仅能满足少数学生实训和就业的需要,因此政府部门当务之急是:首先,抓紧出台完善的法律法规,以保障自闭症儿童在接受职业教育时,有法可依,有章可循,维护自闭症群体正当合法权益。其次,政府要优化管理模式,加强和各部门之间的沟通协作,建立共享、共建的合作机制。自闭症职业教育不仅需要在政府各部门之间建立协同机制,还需要在普通职业教育与残疾人职业教育、特殊教育与残疾人职业教育、残疾人职业学校与企业等之间建立联系,构建多元主体参与、多部门协作共同实施的管理体制。最后,要加强政策细则的可操作性和具体化。政府要进一步填补现有自闭症职业教育政策的空白或者细化现有的残疾人职业教育政策法规,明确特殊教育学校的教学和实训基地建设与管理细则,规范师资队伍建设,明确课程设置等。

(二)职业院校完善课程与师资

在自闭症职业教育院校层面,职业院校是负责职业教育的主体,包括办学条件、专业设置、教师师资等。针对目前自闭症职业教育专业设置而言,其不仅仅要迎合自闭症学生的个人能力、身心发展状况、兴趣特点等,同时还应当考虑当地产业经济发展的特点,主动观察就业市场的择业标准,将残疾学生个人能力和企业对于人才的需求二者有效结合,并以此为依据,完善残疾人职业教育的培养方案。具体来看,在自闭症职业教育的专业设置上,应当充分考虑以下几个因素:教师队伍是在任何形式的教育中不可或缺的最重要因素,教师队伍的能力素质,影响着自闭症儿童接受职业教育的质量。重视师资力量的提升,有助于促进教师队伍的专业发展,同时对于残疾人职业教育事业的可持续发展来说,具有战略意义。为提高师资队伍的专业化水平,建立一套完整的教师职前培训、在职培训和职后培训的师资培训制度,同时面对职业教育培训,政府要落实监督和管理工作,建立科学的绩效考核体系。教师不仅要掌握专业的职业学科知识,还要掌握具体的实践知识,要鼓励教师到企业和院校进行真实环境下的交流学习,提高自身的实践能力和完善教学技能,朝着"双师型"教师的方向发展,扩充教师队伍力量。其次是专业的设置,要立足就业市场的需求和区域经济发展的特点,打造区域化特色专业。自闭症职业教育学校在拟定专业设置和人才培养方案时,应当注重市场调研,明晰市场对人才技能的专业要求,形成动态化的专业设置和人才培养方案,拓宽就业领域,最终培养出与地方产业发展需求相结合的技能型、应用型和复合型人才。

（三）企业加强校企合作

在企业层面,企业拥有学校不具备的资源、场地和真实的就业环境,因此企业应为自闭症职业教育院校提供实习实训基地、专业职业技能指导、就业安排等方面的支持。在发展自闭症职业教育的过程中,应丰富自闭症职业教育的办学形式,形成多主体参与办学,主要表现就是开展校企联合办学,充分发挥企业的优势,弥补学校的短板,进而提升自闭症职业教育的办学质量。为加强自闭症职业教育的校企合作,激发企业参与的积极性,政府应当出台配套政策和措施,通过政府给予补贴、税收优惠、购买服务等政策,吸引社会资本的投入,为企业共同参与自闭症职业教育建立良好的激励机制,积极引导社会各类企业以多种形式参与自闭症职业教育,发挥好企业在提供实习实践、培训基地、专业技能教学指导等方面的优势,激发企业积极主动参与自闭症职业教育,有效提升企业的社会责任意识。

(四)社会公众更新教育观念

在社会公众层面,发挥社会资源的积极效用。社会力量的参与是构建现代自闭症职业教育支持保障体系的重要力量。增强社会对自闭症职业教育的关切,首先,有助于群众对自闭症群体的短视性、歧视性认知等方面的改观;其次,有助于发现自闭症群体对于社会发展与健全者具有相同的积极作用;最后,有助于带动大家树立包容与尊重自闭症群体的良好心态,进而以实际行动来关心和帮助自闭症群体。

根据上述观点:首先,基于社会支持理论,构建集政府、企业、社会公众、学校于一体的支持保障体系,最终为自闭症群体建构多领域、多层次的职业教育保障体系。其次,应当注意的是,当每一个自闭症群体被纳入该社会支持保障系统中,要强化其自身"造血"意识,改变由过去传统的"输血型"社会支持向"造血型"社会支持转变,通过"授人以渔"的方式,尊重自闭症群体的主体需求,打造适合其自身发展的教育模式和文化产品,不仅帮助该群体提高职业能力,还解决其自身发展动力问题,打造出可循环的动力发展系统,真正实现自闭症群体独立发展。

第三节 社会伙伴关系

一、社会伙伴关系理论概述

(一)社会伙伴关系内涵

"社会伙伴关系"(social partnership)最初是西方国家为了协调社会利益集团之间关系所采用的一个较为新颖的概念,它是建立在共赢基础上的一种合作关系,多用于政治、经济等领域。当前,国外关于社会伙伴关系的概念界定缺乏统一规定,但通过对众多关于社会伙伴关系的定义进行梳理,发现社会伙伴关系的定义多与政治、经济相挂钩,教育领域的研究者是基于前人研究对其赋予教育现象进行新的解释。有研究者提出社会伙伴关系是解决社会问题的一种有效机制,是利用跨组织解决社会问题的机制。社会伙伴关系是通过整合资源,解决社会环境、卫生、经济、教育等跨组织问题的机制。也有研究将社会伙伴关系认定为一种新的经济发展模式,博古斯劳(Janet Boguslaw)认为社会伙伴关系是由公众支持的、基于区域的、聚焦行业,由包括公共部门、行业、劳动力在内的区域相关利益者整合起来建立的一个作为整体的共同体,共同努力协调经济和劳动力的发展。[①] 目前更多的研究倾向于将社会伙伴关系视为一种合作关系。社会伙伴关系是社会不同群体间在"共赢"的基础上建立一种合作关系,通过建立这种合作关系提高成员的利益、工作效率,增强成员的社会资本。塞登(Seddon)在对教育领域的社会伙伴关系进行研究时提出,社会伙伴关系提供了一种新型学习空间,他认为社会伙伴关系是由一些利益集团和合作伙伴一起合作、互惠互利所形成的社会交互空间。[②]

职业教育的社会伙伴关系是指学校、政府部门、社会组织、行业企业、教师、学生、家长及其他相关单位或个体,为提升教育质量,促进社会和个人发展而自愿建立起来的合作关系。职业教育的伙伴关系是多方意愿和利益的枢纽,是建立在理解、尊重和契约的基础之上的。通过社会伙伴关系的建立,加强合作,整合社会资源,拓展社会资本,以促进学生个体的发展,促进行业企业的发展,促进职业教育的快速发展,促进社会经济的发展,从而实现多方共赢。

[①]　转引自:Seddon T, Billett S, Allie C. Politics of social partnerships: A framework for theorizing[J]. Journal of Education Policy,2004,19(2): 123-142.

[②]　Seddon T, Fennessy K, Ferguson K. New learning spaces in TVET:The contribution of social partnerships [EB/OL]. (2009-04-03) [2022-05-02]. http://www. springerlink. com/content/nm41716t6v275n36/full-text. pdf.

（二）社会伙伴关系特征

伴随全球化进程的加快，政治、经济、文化之间的联系在全球范围变得愈发紧密。在这一背景之下，社会的科技发展、文化、教育等诸多方面需要进行合作，需要建立相互信任、相互合作、相互包容的伙伴关系，自由、民主、和平的世界构想才会成为现实。在全球化背景下，世界很多国家开始注重社会伙伴关系在社会、经济、教育发展方面的作用。社会伙伴关系是在不同部门、机构、组织之间建立起稳固、互补的合作关系，它是人们解决争端、协调不同利益者关系的重要方式。进入 21 世纪后，职业教育领域的伙伴关系研究开始进入不同国家的研究视野，受到各国政府和教育部门的重视。职业教育伙伴关系强调技能开发和社会资本的构建，受到欧盟、澳大利亚、美国等诸多国家和地区的重视，它们先后建立起一套完整的职业教育社会合作伙伴关系机制，并将其确定为一项国家职业教育发展的长期政策。职业教育社会伙伴关系将拥有不同社会资本的个人、组织统筹整合，建立起一套稳固的、充满信任的合作伙伴机制，身处机制中的个人和组织能够充分地获取益处。职业教育社会伙伴关系的合作历程与合作程度视具体情况而定，可以是长期或者是短期的合作，也可以是简单或复杂的教育合作。[①] 一般来说，职业教育社会伙伴关系具有如下特征。

第一，互惠共赢，合作共生。社会伙伴关系是在持有相同目标、共享利益和资源、共同承担责任与风险的基础上而建立的合作关系。对于社会伙伴关系来说，行动目标必须由该伙伴关系中的成员共同制定，在共同的目标中彼此展开相互合作，实现利益和风险均摊，实现互惠共赢，合作共生。例如，哥本哈根研究中心提出伙伴关系是人们之间、组织（公共、商业、民间组织）之间所建立的自愿、互惠互利、创新的关系，通过资源和能力整合而实现共同的社会目标。

第二，采取"共同治理"管理体系。"共同治理"注重分权制衡，在政府与

---

① 杨丽波.职业教育社会伙伴关系研究[D].上海：华东师范大学,2012.

职业教育及培训机构关系上重新界定了政府的权力,要求政府简政放权,由"无限、全能"的政府向"有限、责任"的政府转变,鼓励职业教育相关利益者通过协商、对话、谈判等方式共同参与职业教育决策。在重大职业教育问题决策上,改变由以往"政府全权负责"向"多元利益主体共同治理"转变,合理关照各相关利益者的需求,提高决策的科学性和针对性。

第三,注重满足当地需求,促进区域发展。职业教育与区域发展紧密联系,为当地的经济发展提供紧缺的技术技能人才,在此逻辑下建立职业教育社会伙伴关系势必要考虑各区域之间的经济发展诉求,促进职业教育与当地经济发展相互协调,相互促进。因此,尽管需求并非来自职业教育社会伙伴关系内部而是来自本地,但是它也是建立伙伴关系、解决社会问题的一个初始条件。

(三)社会伙伴关系类型

按照职业教育社会伙伴关系的组建、主导机构来划分,职业教育社会伙伴关系分为四种类型,包括:政府主导型、职业院校主导型、企业主导型、社会中介主导型。政府主导型是指当国家或者地区面临教育问题时,由政府牵头进行统筹规划,为管辖区域内的职业院校或者企业之间打造沟通平台,制定行动方案或发展方案来解决教育问题。职业院校主导型,该模式主要由职业院校作为责任主体,联合其他职业院校和社会企业建立起社会合作伙伴关系,共同协同治理,彼此注重优势互补、资源共享、成果共享。企业主导型是由企业发起,旨在提高企业竞争力,培养行业急需应用型人才,与职业院校之间建立紧密的合作关系,促进产学研合作,该模式兼具培训和教育的双重作用。社会中介主导型是由社会中介组织作为中转与枢纽站,将职业院校和行业企业联合起来,负责在职业院校与政府或企业之间进行信息传递和沟通协调。

二、社会伙伴关系机制剖析

社会伙伴关系机制是对其各合作伙伴之间的相互联系、相互作用、相互制约的方式及其原理进行研究。社会伙伴关系机制主要包括利益机制、交往机制、政策机制三部分内容,如图 3-3 所示。

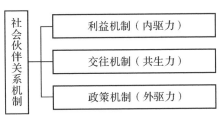

图 3-3 社会伙伴关系机制

社会伙伴关系中主要依靠利益机制、交往机制及政策机制实现成员间相互合作及成果共享。利益机制在社会伙伴关系中是最为核心、关键的存在,是所有成员间开展相互合作的基础和根本利益所在;交往机制是协调成员进行合作的有效机制,保障合作与交流顺利展开;政策机制是对合作教育赋予外在的支持,通过制定相关政策来激励伙伴间广泛开展交流合作。

(一)利益机制:社会伙伴关系的内驱力

利益机制将核心利益作为原始驱动力,通过调整合作伙伴之间的利益分配关系,对个体和组织的行为进行引导和控制。利益机制牵涉到成员间的利益分配,对维系和巩固社会伙伴关系起到关键作用。利益是社会伙伴开展交流合作的根本动力,所有的行为、动机都与追求各自利益相关。若社会伙伴中丧失利益机制,则彼此之间的交流合作关系势必不复存在。政府、企业、职业院校、社区组织等多个相关主体都参与自闭症职业教育,它们所追求的利益各不相同。对政府而言,通过建立社会伙伴关系来推动自闭症职业教育的发展,能提高职业教育发展质量,满足自闭症学生对职业教育的需求,继而促进社会经济、企业的繁荣发展,促进自闭症学生有效就业,加强社会的稳定。对职业院校而言,其追求的利益主要体现为:第一,提高自身办学质量,通过社会伙伴之间的交流来促进自身综合发展,更新办学理念,开展相关校企合作,从而促进学生就业。第二,获得更多资金支持,更新教学设施,完善实习实训场地,更好地促进职业教育发展。对企业而言,在职业教育社会伙伴关系中其追求的利益主要体现为:第一,希望获得国家的政策支持,凭借政府制定的优惠政策,在参与职业教育办学的同时,能够得到国家资金投入或减税。第二,获取行业发展所急需的应用型人才,解决相关"卡脖子""技术难"等问题,从而提高企业生产效率和综合竞争力。社会伙伴关系中的成员因存在共同的利益需求而汇聚在一起,通过利益机制来推动合作交流的开展,只有对接、匹配各自的利益需求,合作才能有效进行。

（二）交往机制：社会伙伴关系的共生力

交往机制是职业教育社会伙伴关系共生的途径,其涉及成员之间的信息、资源、知识的交流与分享。凭借交往机制,社会伙伴之间广泛开展交往与合作,形成互利共赢的关系。在这一过程中,成员之间秉持着平等、互惠的原则,进行资源、信息、知识等内容之间的交换,其中资源包括资金、核心技术、人员、设备、知识等。通过该交往机制,在社会大范围内实现资源的高效配置与流动,将零散杂乱的资源进行统一整合,实现最大限度的交流合作。例如,政府在社会合作伙伴关系中提供资金和项目支持,职业院校提供场地和人才,企业提供实习实训和技术人员指导。

（三）政策机制：社会伙伴关系的外驱力

政策机制是职业教育社会伙伴关系发展的外在推动力,政策机制涉及政策的制定和执行。政策机制协调各主体之间的行动准则,规范和引导各主体之间的社会行为。职业教育社会伙伴关系政策是政策的下位概念。自闭症职业教育社会伙伴关系的政策由政府和相关行政部门为推动职业教育发展,协调成员之间的利益关系,合理配置教育资源而制定,旨在通过该手段促进职业教育的有效实施与管理。相较于普通职业教育,由于自闭症职业教育的特殊性,导致其自身更具有公益性质,因此职业院校和企业之间的合作不能单纯依靠双方的努力合作,更加需要政府出台相关的政策支持,从而更好地推动自闭症职业教育的自身发展。此外,社会合作与发展是不断持续变化发展的,因此也需要凭借外部力量给予规范、支持和引导。在制定自闭症职业教育社会伙伴关系的政策时,需要考虑以下几个方面内容:第一,制定相关法律法规,明确政府、企业、学校、团体组织等主体和行业协会参与职业教育的权责；第二，政府不仅要加大对职业教育的投入，还要建立多元资金筹集渠道的政策，建立相关的激励政策，鼓励企业和社会机构进行资金投入；第三，确定职业教育中各伙伴关系之间的地位、运作权限，明确职业教育院校和企业的权利和义务。

三、社会伙伴关系在自闭症职业教育中的应用

作为就业中的弱势群体，自闭症人群的职业教育更需要政府、学校、社区、机构、社会组织、家庭、教师及同伴等通力合作提供物质性或非物质性资源的支持，可以说社会伙伴关系的建立对于他们的职业教育起到至关重要的作用。通过职业教育帮助他们掌握一技之长，使他们自食其力，实现自我价值，从而更好地融入社会生活，真正做到残而不废。通过对上述社会伙伴关系理论的研究与讨论，可以从以下几方面提出自闭症职业教育的对策建议。

（一）互利共生，构建和谐互利机制

职业教育社会伙伴关系强调政府、职业院校、行业企业、社会团体组织、社区等多元主体在合作发展中实现彼此和谐共生，形成资源与成果共享的局面。自闭症职业教育比起普通职业教育复杂程度高、利益主体广、实施难度大，因此其职业教育发展更需要多方合作，而不能仅靠职业教育及培训机构单方力量，需要职业教育及培训机构、政府、行业企业、社会团体组织共同努力合作，构建合作共赢机制，为自闭症学生真正谋福利。此外，在职业教育发展过程中，职业教育及培训机构、政府、行业、社会组织在追求利益实现时，在分享对方带来的利益时，需要分享自己的资源、做出自己的贡献、履行自己的职责和义务，实现和谐共生，互惠利他，共求发展。

（二）统筹规划，打造协调发展机制

当前自闭症职业教育出现多头管理、管理不集中、资源杂乱等问题，需要深化自闭症职业教育改革，政府负责统筹规划，统一管理，整合散乱教育资源，打造协调发展机制。教育相关部门对自闭症职业教育进行顶层设计，统一规划，实现自闭症职业教育统一管理。地方省市由各级政府按照意见进行规划设计，协调各方力量，及时反馈各方意见和建议，研究发展措施，督促各

部门履行职责,落实各级政府政策。此外,当前自闭症职业教育还存在城乡区域发展不平衡、东强西弱的问题。为缓解东西部自闭症职业教育发展不均衡、城乡职业教育发展不均衡局面,建立东西部职业教育社会伙伴关系、城乡职业教育社会伙伴关系,共求东西部、城乡职业教育发展,在考虑自闭症职业教育社会伙伴关系时,需要考虑区域经济发展情况,制定合理规划方案。政府要加大西部地区和农村地区自闭症职业教育投入,制定优惠政策,鼓励企业及各种社会力量参与其中。

(三)完善相关政策,加大资金投入

政府的政策支持、资金投入等影响着自闭症职业教育的发展质量。要保障自闭症群体接受职业教育的权益,促进职业教育高质量发展,势必要完善职业教育政策,资金投入更多向社会弱势群体倾斜。因此各级政府要加大公共投入,增加专项经费,将职业教育经费纳入财政预算。国家要出台相应的法律法规,鼓励社会企业与组织投入到自闭症职业教育办学当中来,积极吸纳合格的自闭症就业人员,并对参与自闭症职业教育办学的企业给予一定优惠政策。

第四节　情境教学理论

一、情境教学理论概述

(一)情境教学理论的发展脉络

自闭症儿童一般都存在着不同程度的沟通障碍。[①] 语言沟通障碍往往成为限制自闭症儿童发展的重要因素。情境教育理论注重优化教育场景,通

---

① Prizant B M. Brief report: Communication, language social and emotional development[J]. Journal of Autism and Developmental Disorders, 1996, 26(2): 173-178.

过创设典型环境提高学生语言沟通的主动性和功能性,对自闭症儿童的沟通技能增长有重要成效。[①] 捷克教育家夸美纽斯(Amos Johann Comenius)在《大教学论》中提出,"一切知识都是由感官的知觉开始的",他提倡直观教学原则,可以说开了情景教学的先河。最早在教育学意义上运用"情境"的是杜威(John Dewey),他认为思维源于直接经验的情境,情境是教学法的首要因素。[②] 心理学家皮亚杰强调整体教学法,认为教学应该置于有意义的情景中,而最理想的情景是所学的知识可以在其中得到应用。多元智能理论代表人物加德纳(Howard Gardner)认为,学生的智力是情境化的,他们所面临的生活环境和学习环境都对其智力发展起到引导的作用。[③] 建构主义强调学生认知过程中体验的重要性,情境的创设就是为学生体验服务的。这些理论都强调情境的重要性,为情境教学理论的提出奠定了理论基础。沃伦(Warren)和凯瑟(Kaiser)提出自然情境教学一词,强调在自然的教学情境下开展教学,注重学生的个别差异,强调教学互动,并以功能性的教学内容为重点,促进学习者产生自发性与类化性沟通行为和学习。我国情境教育研究源远流长,早在先秦时代,孔子的随机教学及"孟母三迁"都说明了这一点。南朝刘勰在《文心雕龙》中就有了"情境"的论述:"情以物迁,词以情发。"现代教育中,著名的特级教师李吉林在 20 世纪 70 年代末开始尝试中国式情境教育教学,根据实践,她在陆续发表的研究成果中明确了"情境教育"的设想,提出创设根据教育目标而优化环境的核心理念。

（二）情境教学理论的基本内涵

李吉林等认为情境教学是通过富有教育内涵的乐趣场景,激起学生积极的情绪,把情感活动和认知活动结合起来的一种教学模式。[④] 也就是通过情

① 魏寿洪,张文京.自然情境教学在自闭症儿童沟通教学中的应用[J].现代特殊教育,2007(10):28.

② 杜威.杜威教育论著选[M].上海:华东师范大学出版社,1981:191.

③ 霍华德·加德纳.多元智能[M].沈致隆,译.北京:新华出版社,1999:16.

④ 李吉林,田本娜,张定璋.小学语文情境教学与情境教育[M].济南:山东教育出版社,2003.

境的创设来促进学生的发展。凯瑟认为情境教学是在自然的教学情境下开展教学,注重学生的个别差异,强调教学互动,并以功能性的教学内容为重点,促进学习者产生自发性与类化性沟通行为和学习的一种教学模式。他指出有效的情境教学主要以示范(model)、提示—示范(mand-model)、时间延迟(time-delay)、随机教学(incidental teaching)等四个主要的策略为核心,同时配合环境安排、反应及会话模式、行为管理,以及计划和评鉴。情境教学法首先强调对行为功能进行分析,其次才是各种策略的应用。

(三)情境教学理论的特点

情境教学法相较于其他教学方法而言,更加具有真实性和情境性,是在自然真实的情境之中发生的对话,更加适合有语言表达障碍的人,有利于其增强语言表达能力和提高语言互动意愿。具体而言,情境教学法具有以下特征。

第一,发生在真实的情境之中,教学情景模拟真实的现实生活环境。个体在该情境之下能够获得更加真实的学习体验,这一点对于自闭症学生而言尤为重要,自闭症学生能够真正掌握具体情境下的交流沟通技巧,增强社会互动理解能力。学习立足于生活化场景,对于学生的迁移能力具有良好促进作用,能够增强学生在后续的职业生涯中的应变能力。第二,教学过程强调多样化及自然性。教学过程可以通过制造各种偶发事件来激发个案的沟通动机,然后利用自然的结果来强化个案的沟通行为。① 第三,教学过程注重情感互动。在情境教学过程之中,教师描绘出一幅生动形象的画面,能够激起学生的情感与想象,为学生开拓和创设心理场景,有利于激发自闭症学生的情感交流互动。第四,在非结构化的教学中进行,情境教育没有提前预设好教学情境。在教学过程中,会随时与学习者进行沟通提问,会针对某一问题进行交流互动,增强学生的思考与迁移能力。

---

① Kaiser A P, Ostrosky M M, & Alpert C L. Training teachers to use environmental arrangement and milieu teaching with nonvocal preschool children[J]. Journal of the Association for Persons with Severe Handicaps,1993,18(3):188-199.

（四）情境教学理论的要素

自然情境教学主要包含环境、互动、评测、管理四要素。首先，情境教学是发生在特定环境之中的，是建立在模拟真实情境当中的。其次，情境教学法十分注重教师与学生间的沟通互动，例如微笑、眼神的接触等，与自闭症学生之间的有效互动对缓解自闭症状、提高表达能力、增强人际交往能力有显著效果。再次，在教学活动之前要对学生的认知能力与表达水平、自闭症状进行了解，从而有效提高教学的针对性。在教学过程之后，也要及时追踪了解学生的学业质量，并根据观察结果及时调整策略。最后，由于某些自闭症学生障碍程度较高，表达能力较差，可能会有一些情绪问题或者行为问题，因此教师要及时制止，维护正常的课堂秩序。

二、情境教学理论在自闭症职业教育中的可行性

常规语言发音训练是目前针对自闭症儿童进行语言康复训练使用较多的方式，而自闭症儿童语言康复训练的重点是语言沟通。为达到训练目的首先要做到激发自闭症儿童沟通的欲望，在沟通表达的过程中不断增强儿童语言的发展能力。情境教学策略强调在教育者创设的情境之下，引导学生主动去完成所要达到的教学目标，在具体教育情境中主动探索，因此相比较于其他的语言沟通训练方法，情境教学法更具自然性和具身性。早在 20 世纪末期，便有研究者运用情境教学的方式对自闭症领域展开研究，以儿童的需要来制造情境进行教学。凯瑟使用了情境教学法对三名出现认知和语言发育迟缓的儿童进行干预，结果表明情境教学对儿童的沟通和认知起积极作用。2015 年美国自闭症中心发布了 14 种科学干预方法，其中就提到了情境教学法。选择科学有效的干预方法才可以提高自闭症儿童的语言能力，降低儿童的自闭程度。在国内，魏寿洪和张文京在 2005 年首次提出将情境教育用于自闭症儿童的沟通教学。而后的特殊教育工作者将情境教学法用在特殊儿童的干预上。如：车小静通过情境教育法对自闭症儿童语言的研究；孙成雯通过情境教育对自闭症儿童社交的干预；白茹运用情境教学法对重度智力障碍儿童沟通行为的研究；李红通过情景教学法对重度智力障碍人士社会适应

能力的培养等。

目前有很多研究证明情境教学法对于改善语言障碍及语言迟缓具有良好效果,因此,后续研究可以深化情境教学的研究,完善情境教学理论,开发具有良好效果的教学模式,以减轻自闭症儿童的语言障碍程度,为其接受职业教育奠定基础。

三、情境教学理论在自闭症职业教育领域中的应用

自闭症儿童个体差异较大,抽象逻辑思维发展缓慢,其认知主要依靠直观具体情境的学习,在学习上缺乏主动性和积极性。这就决定了自闭症认知教育抑或是职业教育需要多样化。情境教学法能够为自闭症者提供支持。教师根据学生需要创设合适的情境,一方面让自闭症儿童可以更直观地学习,另一方面也让他们在探究事件或者解决问题中提高理解能力。基于此,可从以下几方面来改善自闭症职业教育。

(一)改善课堂教学模式,提高训练内容针对性

虽然自闭症儿童普遍语言表达能力弱、社会交往能力差、容易产生机械呆板的行为,但在自闭症儿童群体中仍存在较大个体差异,他们在认知能力、表达水平、性格、生理等诸多方面存在不同的发展特点,因此每个个体自然也就存在不同的教育需求。在职业教育过程中,教师要因人而异,因材施教,改善教学模式,运用情境教学方式来激起学生表达意愿。不能照本宣科,要考虑到不同个体之间的差异性,要根据不同个体的发展特点、学习需求进行适当的情境教学策略调整,设计适合学生兴趣与发展需求的教学内容,提高教学内容针对性。此外,职业教育不同于普通教育,除了教育和育人价值之外,它还拥有培训和就业的价值,包含教育和培训双重价值。因此在情境教学过程中,要适当引入实际生活内容,增加教育的普适性和实践性,在课堂中模拟职业生活,从而增强自闭症学生的职业适应性和应变能力。

(二)重视家庭教育"主战场",强化家校协同发力

自闭症儿童作为接受教育的主体,影响其自身发展的教育主要包括学校教育和家庭教育,对于自闭症学生而言,家庭教育的重要性尤为突出。在儿

童接受学校教育之前，家庭教育是其接触最早，也是对其影响最深的教育模式，对于自闭症儿童而言，家庭早期的教育训练效果起着至关重要的作用。基于家庭教育的重要性，自闭症儿童的父母也要掌握一定的情境教学方法，研究者、教师、社区工作人员可对家长进行情境教学的培训，使家长掌握和正确运用情境教学策略，从而有效强化对自闭症儿童的干预治疗效果。当自闭症学生在职业院校的课程中接受到良好的干预治疗时，辅以正确的家庭教育无疑会巩固和加强学生的学习效果。只有家校协同发力，形成良性循环，自闭症学生在职业教育训练中的收获才会真正落到实处。

（三）课程设计注重"缺陷补偿"，协调育人和育才关系

自闭症学生的职业教育具有双重属性，即包含职业教育与康复的双重理念，因此需要综合考虑二者之间的关系。一方面，在育人关系上，职业院校的课程设置不仅要遵循自闭症学生身心发展规律，还要全面满足自闭症学生的生活需求，鼓励他们在具体情境中学习职业知识与职业技能，运用所学知识与技能解决生活与工作中所面临的问题。在课程设计上要考虑到自闭症学生的特殊性，评估不同学生之间存在的个体差异，注重课程的育人价值，从注重自闭症学生的缺陷补偿方面来设计课程与教学，从而有效促进自闭症学生身心发展。另一方面，在育才关系上，由于职业教育的根本目的是为社会输送合格的人才，为国家培养高质量的技能人才，因此在对自闭症学生进行职业教育时，要协调理论课程学习和实践技术与能力的发展，在对学生缺陷补偿的基础上进行有效的职业教育，使学生的身心与职业素养在该过程中都能得到全面发展，从而培养自闭症学生终身学习能力，推动其更好地融入社会，提高自身适应力。

第四章 自闭症学生职业教育创新模式的构建

随着社会经济的不断发展,残疾人教育的呼声越来越高,传统的教育模式不再能满足当前自闭症学生对于职业教育的需求,随着国家对职业教育模式构建与创新的重视程度日益加深,为使自闭症学生能够真正掌握职业知识与技能,为未来的生存与生活做准备,学校作为培养自闭症学生的重要场所与依托,也逐渐着手解决这一重要问题。而课程作为学校教育的重要元素,在培养学生的过程中起着必不可少的作用。相比国家课程与地方课程,校本课程具有更加关注学生之间的发展差异的独特优势,因此南京市秦淮特殊教育学校(简称秦淮特校)在全面考虑学生发展差异与市场需求的基础上,尝试对自闭症学生职业教育模式进行构建与创新。本章首先阐述了秦淮特校校本课程的开发配置;其次对校本课程开发的基本原则进行阐释,并对校本课程模块进行严密划分;再次对校本课程的实施进行动态监控,以此为课程修改与完善提供实践证明;最后对多元化职业教育校本课程学习的评价机制进行科学建构。

第一节 多元化职业教育校本课程的开发配置

党的二十大报告中提出"完善残疾人社会保障制度和关爱服务体系,促进残疾人事业全面发展"①,而《残疾人教育条例》明确规定,"发展残疾人教育事业,实行普及与提高相结合、以普及为重点的方针,保障义务教育,着重发展职业教育,积极开展学前教育,逐步发展高级中等以上教育","残疾人职业教育应当大力发展中等职业教育,加快发展高等职业教育,积极开展以实用技术为主的中期、短期培训,以提高就业能力为主,培养技术技能人才,并加强对残疾学生的就业指导"②。由此可见,残疾人职业教育是特殊教育的重要组成部分,加强残疾学生职业教育是特殊教育学校义不容辞的责任。"十二五"伊始,秦淮特校就开始全面探索、开展符合城市区域特色的自闭症学生三年制中等职业教育办学模式,通过五年的摸索与实践,系统建立了以就业为导向、以能力为本位、以密切结合区域经济特点的"秦淮小吃＋特色面点"为核心专业的多元化职业教育课程体系,促使大龄自闭症学生凭着一技之长平等地参与社会劳动,实现自食其力。

一、分步实施,抓实开发过程

校本课程开发是一个创造性的动态发展的过程,是一种因校制宜的课程活动,在反思自身成果与不足的基础上进行分析与调整,是校本课程保持生命力的必要途径。③ 因此,职业教育校本课程的开发一定要落实在开发过程中的每一步。第一,确定目标,制定纲要。每一门课程都有其不可替代的课程目标与功能,这就意味着校本课程的开发必须先从整体入手做好宏观把控,然后再进行具体教学内容的设计。秦淮特校在开发每一门学科的校本课程时,都严格落实先讨论、再制定内容纲要、最后在纲要的指导下进行教材编写的开发过程。第二,开发资源,编写教材。学校教师自行编写教材内容,除

---

① 求是网.习近平:高举中国特色社会主义伟大旗帜 为全面建设社会主义现代化国家而团结奋斗——在中国共产党第二十次全国代表大会上的报告[EB/OL].(2022-10-25)[2023-07-28].http://www.qstheory.cn/yaowen/2022/10/25/c_1129079926.htm.

② 中华人民共和国中央人民政府.残疾人教育条例[EB/OL].(2017-02-23)[2023-07-28].https://www.gov.cn/zhengce/content/2017-02/23/content_5170264.htm.

③ 张晶.智障学生职业教育校本课程开发与实施研究[D].武汉:华中师范大学,2015.

了要能够充分领悟纲要内容,还要善于利用多种途径去开发、收集文字和图片等各种资源,尤其是身边的资源,以便更好地使校本课程适合自闭症学生的学习特点,把材料恰当地运用在所编写的教材之中。第三,使用教材,完善教材。研发教师要在所开发的校本教材的使用过程中发现其存在的不足,并及时做出记录。在每学期期末校本课程的固定讨论组会上汇总修订意见,集中进行课程的修订与完善,以提升校本课程的质量。第四,深入课堂,实施评价。在使用校本教材进行教学的课堂上,更多关注所教知识内容对于智力障碍的学生而言是否适用、教学方式是否有效,即使用各种方式评估学生是否达到了课程预期的学习目标、是否在课程学习中其生活和实践能力得到了提高,从而对课程形成灵活和合理的评价。

二、文化建设,践行社会主义核心价值观

校本课程的开发一定要兼顾地域文化特色、传承优秀的地域文化,在地域文化和校园文化的交互浸染中,满足学生的特殊教育需要,实现人的全面发展。首先,在校本课程方向的选择上,秦淮特校在校本课程开发之前就已通过调查分析确定了地域文化类型和职业发展方向,由于秦淮特校位于南京市夫子庙附近,这一地理位置给予了特校丰厚的地域文化资源。结合区域经济特点,选择"秦淮小吃＋特色面点"为方向,把特校当下的教育和自闭症学生未来的社会生活通过具有地域文化特色的课程自然连接。其次,校本课程是一种自主研发行为,其最终目的是推广实施,在师生群体中推广,促进学校特色文化发展。在地域文化的选择中,也要充分考虑学校、教师、学生、教学的发展实际,选取最符合学生身心特征的文化品类和形式,让学生愿意接受并产生有益效果。① 秦淮特校涵盖小学、初中、高中全年龄阶段的教育,更容易通过义务教育课程和职业教育课程一体化来实现贯穿自闭症学生终身的职业教育。在整个学龄过程中,推广区域文化特色。最后,秦淮特校始终坚持"一切为了促进残疾学生生存与发展"的办学宗旨,"办让人民满意、政府放

---

① 李斌,费艳颖.地方高校校园文化与地域文化的协同育人研究——以校本课程文化浸润为切入点[J].教育理论与实践,2021,41(30):8-12.

心的特殊教育"的办学目标,"以人为本"的教学理念和教育教学总体方针,始终将"阳光师生"的培养目标,"自强不息,超越自我"的精神追求,以及"告诉世界,我能行"的校训融入教育教学的点点滴滴当中,践行社会主义核心价值观。

三、以人为本,坚持人作为着力点

以人为本是职业教育校本课程开发的出发点与归宿。课程改革中落实以人为本,就是处理好课程目标、课程价值、课程开发、课程体系、课程内容中个体与课程关系及个体自身发展的问题。[①] 秦淮特校在职业校本课程的开发过程中始终坚持以人作为着力点。主要体现在以下四个方面:第一,从课程目标的制定看,秦淮特校始终以自闭症学生的就业标准为中心,着力培养学生乐观向上的生活态度和良好的职业道德、行为习惯,帮助其学习必需的基础知识和职业技能,适应社会发展,具备就业或自主创业的意识及能力,成为面向酒店、糕点房、餐饮企业等相关就业岗位的社会劳动者。第二,从课程实施的角度看,课堂教学要生活化,重视校本课程的结构性、全面性和可选择性,在教学中为每一位学生的职业技能发展提供可能性和可持续性。做到教学内容与现实生活相联系,教学形式与生活实践相结合,教学要求与实际能力相吻合。采用多元化的教学方法,促进学生利用已有的生活经验开展学习,在学习中提高适应生活的能力。另外,"秦淮小吃＋特色面点"的专任教师同时作为校本课程的研究者和实践者,能够真正地参与到课程开发中来,使校本课程更具生命活力。第三,从学生观的角度看,由于自闭症学生具有个体间差异大、自身能力发展不均衡、学习速度慢等特点,特殊教育的校本课程开发更需要坚持以人为本,深入分析自闭症学生的能力特点、职业性向,坚持个别化教学、分组教学、走班制等教学策略,真正实现自闭症学生的职业发展。第四,从课程评价的角度看,以人为本的课程观要求我们从多元化的视角出发全方位地评价学生。了解自闭症学生的学习特点,尊重个性差异,树

---

① 黄梅.以人为本:基础教育课程改革的核心价值[J].教育发展研究,2010,30(22):79-83.

立适度的期望,在教师、家长、企业领导、岗位师傅、相关教育专家和学生自己等相关人员的评价中,实现自闭症学生职业能力的提高。

四、开发职业校本课程需要处理好的关系

自闭症学生中等职业教育校本课程的开发与价值追求是一个以学生的职业能力培养为目标,教师的专业发展为条件,学校的特色形成为结果的过程。因此,在职业校本课程开发的过程中还需要注意处理好以下四种关系:第一,校本课程与办学特色的关系。校本课程应突出学校特色和内涵。秦淮特校在开发职业教育校本课程时要在具体分析学校的资源优势和弄清学校办学的核心理念的基础上进行。只有这样,才能开发出适应当地社会环境和具有自身特点的校本课程,为学校实现育人目标服务。第二,课程开发与教师专业发展的关系。校本课程开发的主体是特殊教育教师,特殊教育教师要时刻关注学生的表现,将学生作为教育教学活动的核心。这需要特殊教育教师保持足够的敏感性,大胆走出舒适圈,不断追求教育理论与实践的进步①,同时教师在校本课程开发的实践过程中应获得良好的专业发展。秦淮特校从事中等职业教育的教师都是从九年义务教育阶段转岗过来的,由这些教师全程参与校本课程的开发不仅发挥了教师在课程开发过程中的主体作用,同时也是对教师进行转岗培训和专业培训的最好途径。第三,课程开发与教材编写的关系。开发校本课程并不等同于自编学校教材,但教材编写与课程资源开发是校本课程建设的重要组成部分。秦淮特校先后自编了《中式面点》《西式面点》《秦淮小吃》《串珠编织》《手工艺皂制作》等七门符合自闭症学生的认知特点和学习特点的职业教育校本课程教材,同时将每种面点、小吃等的制作过程与分解动作以视频的形式录制后形成课程资源,从而在课程开发的同时为自闭症学生提供符合自身特点的学习支持。第四,必修课程和选修课程的关系。单一的课程很难适应不同的学生,因此校本课程开设要充分考虑自闭症学生发展的多元需求,给他们留出自由选择的空间。秦淮特校开发

---

① 陈慧星,马丽,邓猛.新时代我国培智学校课程的特点、困境与突破[J].中国特殊教育,2023(5):3-10.

的职业校本课程在以按模块划分的方式体现课程不同功能的同时,也能为不同特点、不同层次的智力障碍学生提供适合其自身发展和兴趣的教育。与此同时,多样化课程设置也有利于个性不同的教师找到发挥自己特长的空间。秦淮特校面点、小吃和手工艺制作课程的教师都在多样化课程的锻炼中重塑了自我,实现了自身的专业发展。

第二节　多元化职业教育校本课程的设置原则

随着社会不断地进步与发展,市场对人才的需求也不断发生着变化。同时由于自闭症学生个体身心发展的差异很大,构建多元化课程模式也可以在兼顾不同个体个性特点的同时,促进其多元智能发展,以应对社会的多元需求。具体而言,特殊教育学校在设置自闭症学生多元化职业课程时,应坚持与能力发展实际相结合、与区域市场经济和社会发展的多元化需求相结合、与促进学生终身发展相结合、确保自闭症学生学习和工作环境安全这四个原则。

一、与能力发展实际相结合的原则

自闭症学生由于自身生理和心理的限制,常常表现出纪律意识薄弱、心理素质脆弱、交际能力缺乏、就业技能不足、喜欢机械固定的工作程序等特点。[①] 且学生自闭的程度不同也意味着在对他们开展职业技能训练时需要适应他们的能力状况,教授他们学得会的本领。只有这样才能使其真正掌握符合自身特点和社会需求的职业技能,同时增强自闭症学生的自信,使其有尊严地融入社会。《南京快报》曾用大幅版面刊登过一篇名为《我的理想是卖茶叶蛋——一个 16 岁智障少年的职业梦想》的文章,文中主角就是秦淮特校自闭学生小 H。此篇文章一经发表,备受关注。被各界评价为:学生心理很

---

①　丁叶志.培智职高教育与学生就业思考[J].现代特殊教育,2017(11):58-60.

阳光,理想定位很现实。因此,让自闭症学生获得适合他们自身特点的职业发展自始至终都是秦淮特校职业教育课程的重心。

二、与区域市场经济和社会发展的多元化需求相结合的原则

毕业以后能够适应和融入社会是对自闭症学生进行职业技能培训的最终目标之一,因此职业课程开发与设置一定要考虑到区域市场经济和社会发展的多元化需求。秦淮特校位于南京市夫子庙附近,浓郁的区域特色和典型的市场需求为学校职业教育课程设置提供了思路,也为自闭症学生将来就业提供了出路。通过对市场的调查分析,秦淮特校发现,简单餐饮和面点的市场需求较大。以此为出发点,秦淮特校设置了"秦淮小吃＋特色面点"的核心专业课程。一方面能够充分利用区域资源,体现办学特色;另一方面也符合"以服务为宗旨、以就业为导向"的职业教育办学导向,使学生学成后就业有门、创业有路。在特校里,教师教会自闭症学生应该掌握的职业技能,令他们毕业后既可以选择进入酒店或餐饮店就业,也可以自主创业,设摊卖早点。哪怕是能力最弱的学生也有能力在家进行自我服务,在适应社会、获得尊严的同时提高生活质量。

三、与促进学生终身发展相结合的原则

特殊教育学校的职业教育不仅仅要立足于自闭症学生当前实际的能力发展水平,更要将眼光放长远,看到他们未来的终身发展。秦淮特校始终坚持把培育学生"适应社会、终身发展"作为工作目标,精心培育每一位残疾学生,使他们最终能够融入社会,成为自食其力、有尊严的劳动者。在职业技能培训和校本课程开发的过程中,秦淮特校通过大力促进自闭症学生的多元智能提高来帮助其实现自身的终身发展。譬如一项看似简单的小笼包制作的学习却要求学生具备良好的体能、精细动作、手眼协调和审美等多个相关的基础能力。这些基础能力既关乎学生当下的学习和操作,更能影响到他们的终身发展。由于自闭症学生自身的特点,很多学生往往很难全面具备掌握一项职业技能所需要的全部基本能力,因此秦淮特校既关注学生的职业技能培训,同时不放松对自闭症学生的基础素养、基础能力和道德的培育。抓牢生

活语文、生活数学等基础文化课程的同时,开设形体礼仪、职前培训、餐饮服务等职业素养课程,同时在教学中加入康复训练、体能训练等,培养自闭症学生的专注、负责、持之以恒的做事态度和素养,从多个角度、全方位地促进学生终身发展。

四、确保自闭症学生学习和工作环境安全的原则

自闭症学生由于缺乏安全意识、自我保护能力较弱,走上工作岗位后让人最不放心的问题之一就是他们的安全问题,因此课程设置必须考虑实训场所和他们将来的工作环境是否与他们的意识水平和能力水平相适应。一方面,通过控制教学内容来确保自闭症学生的学习安全。比如餐饮部门操作间里对各方面技能要求较高的红案对刀、用火等操作,自闭症学生实际操作起来存在一定的危险性,应当尽量避开。秦淮特校选择以面点制作为主的白案就相对安全。另一方面,在控制内容和保证环境安全性的同时,通过教学强调和训练自闭症学生的安全意识。最后,对自闭症学生给予安全照顾是保证其顺利完成工作任务的重要前提和保障。秦淮特校尽可能地为自闭症学生创造安全的工作环境,以确保他们既可做事又不出事。学校教学中曾有一名自闭症学生两次在面点操作间里滑倒,教师分析排除其不当行为和身体问题之后,发现她两次穿的都是极其容易滑倒的旧胶鞋。后来,教师与其家长沟通换了防滑的鞋子以后,就再没发生过滑倒的情况。

第三节　多元化职业教育校本课程的模块划分

加德纳(Gardner)的多元智能理论表明人类个体智能的基本性质是多元的,每个人在这些智能的表现上都有所差异,而对学生的培养和评价都应该从多元的角度出发,发现个体所长,进而提高其整体素质。对于自闭症学生而言,多元智能的开发同样非常重要。从多元智能的视角重新审视自闭症学生的智能,是肯定他们潜能的前提。从多元智能视角来看,自闭症学生尽管大部分智商不高,但不排除他们在音乐、身体、动觉等其他智能方面有优势,故应当将问题视角改为优势视角。[①] 特殊教育学校职业教育校本课程设置要能充分遵循多元智能理论,根据自闭症学生的个性发展要求和社会需要进行模块划分,既能突出学习者的个性,也能使教学更有利于自闭症学生多元智能的开发,为他们将来有准备的就业奠定基础。秦淮特校的校本课程模块主要划分为基础课程模块、定向课程模块和目标课程模块三个部分,每个模块由不同的科目课程或目标模块组成,体现了较强的系统性和针对性。

一、基础课程模块

此模块所属课程都是学生的必修课程。主要有两类:一类是普通课程,包括语文、数学、音乐、体育、美术、信息技术等,这类课程可根据自闭症学生不同的个性发展需求,按照不同的标准进行要求,可对有的学生降低文化课程学习标准,以确保专业技能课程的学习质量。另一类是职业教育核心专业课程"秦淮小吃+特色面点"制作,不仅包括小吃和面点的制作,还包含了形体礼仪、餐饮服务等课程,是每个职教班学生必须尽最大努力进行学习的课程。

二、定向课程模块

根据就业市场需求、个人实际能力及个人的就业意向,不同能力水平的自闭症学生选择符合自身特点的就业方向、具体岗位后进入定向课程模块进行分流教学,以便加强某一种或几种职业技能的学习。比如有的学生着重练习包包子、包饺子等,有的学生着重练习蛋挞、披萨等西式面点制作,有的学生着重练习和面、配料等,这样一来每个人将来进入岗位的针对性和适应性都更强。秦淮特校的一名自闭症学生小A很难适应相对复杂的工作要求,包饺子等工艺性较强的任务他总是完成不好,但是他擀饺皮的手艺不错。老师就让他重点练习这项技能,后来该生在汤包店专门擀饺皮,甚至一个人擀皮

---

① 董奇,国卉男,沈立.多元智能视角下智障学生中职融合教育新途径[J].教育理论与实践,2018,38(18):29-31.

能同时供应两三个人包,受到了用工单位的欢迎。这个课程模块的设置同时也会根据"校企合作"的需要来确定,比如与学校长期合作的用人单位固定需要包包子或做蛋糕人员,学校就可以应其要求在教学中着重加强学生们这一职业技能的训练。

三、目标课程模块

自闭症学生经过上述全部模块的学习后,可根据自己的意愿,主动选择与自己就业意向相适应的课程,学校通过短期强化教学、实操训练等方式快速提高其职业技能,以帮助学生实现自己期望的就业目标。如学生小 C 长相白净斯文,很爱干净,但精细动作发展得不太好,只能胜任一些粗浅的工作。与学校合作的某一知名连锁咖啡店需要招聘一个门童,老师觉得小 C 可以试试。与其沟通并得到认可后,就在这个就业目标的引导下,学校为小 C 特别开设了门童训练课程,最终让他和其他同学一样,如愿走上了心仪的工作岗位。

第四节　多元化职业教育校本课程的动态实施

课程设计完成后,需要落实在实际教学中,通过实践的反复打磨,才能够实现预期的目标。学校职业教育实施的质量如何,在很大程度上取决于校本课程的实施情况,尤其是如何在动态的实践中将校本课程打磨完善,以发挥出其最大的作用。秦淮特校多元化职业教育校本课程的动态实施主要包括及时修订课程内容、精心打磨教学组织形式和教学方法、加强校外实训基地建设和校企合作三个方面。

一、及时调整,修订课程内容

秦淮特校从两个方面着手对校本课程进行完善与更新。一方面,加强课程开发和相关专任教师的专业化培训。教师是课程实施的组织者、操作者,学校组织教师参加相关培训,使之更新教育观念,把新知识、新技术、新工艺、新方法更好地融合在职业教育教学过程中。另一方面,通过校本课程的原型评价和课程实验,及时调整、修订课程,使其更适用于对学校自闭症学生的教学。职业教育开办几年来,秦淮特校组织教师对职教课程共进行过三次修订,使得课程设置和教学更具有针对性和适应性,最大限度地发挥课程的作用。

二、精心考虑教学组织形式和教学方法

要想提高自闭症学生职业教育课堂教学的有效性就必须摒弃传统的灌输式课堂教学模式。教师应把课堂教学中的学习主体与学习环境充分融合,把课堂教学中的知识与技能和自闭症学生的个性特点、兴趣爱好、接受能力及优势智能充分结合,把知识与技能的传授变成孩子们想学、乐学、会学的过程。[①] 因此,在校本课程的实施过程中,秦淮特校精心考虑教学组织形式和教学方法,让每一节课的教学与训练都更扎实有效。有针对性地根据学生学习需要开展个别化教学,让每一个层次的自闭症学生都学有所获,实现自身发展。另外,除了帮助学生反复练习、夯实基本功外,学校还通过以赛促练、互动促学等形式强化学生的职业技能。比如教师组织职教班学生开展包饺子、搓元宵等比赛,学校组织校外相关社会人员进入校园开展各种不同主题的融合活动,让自闭症学生当小老师,教校外人员制作小吃和面点,让学习和训练充满趣味,在不同的环境中激发自闭症学生的学习积极性。

三、加强校外实训基地建设和校企合作

秦淮特校在切实保证各门课程在校内正常实施的基础上,通过加强校外实训基地建设和校企合作,让自闭症学生的职业技能不断接受市场检验,在提高职业能力的同时积累经验、获得成功体验。一方面,为了让自闭症学生了解用工单位的招聘要求,学校经常组织他们去参加社会中面向残疾人的招聘会。在这个过程中教他们自己填写求职表、与招聘人员进行简单的交流等

---

① 史吉海.多元智能理论对培智学校职业教育工作的启示[J].中国特殊教育,2013(1):34-36,41.

求职技能,在提高学生应聘意识和应聘能力的同时,也让他们明确自己应该具备什么样的职业素养,从而提高学生的职业规划意识和能力,使得他们回到学校后更有目标。另外,学校还常常把学生们亲手烹制的茶叶蛋、桂花糖芋苗、蛋挞等小吃、面点搬到老门东、社区等地方去售卖,从吆喝、盛装到收钱、找钱都由学生自己完成。因为原材料用得好没有任何添加剂,学生们制作的美食每次都会很快就被市民买光,学生们的成就感就足足的。最后,努力构建校企合作平台,通过发现企业专设岗位、带领学生入企实习等方式探索学校与企业的职业教育深入合作对接路径。

第五节　多元化职业教育校本课程学习的评价机制

校本课程的实施还离不开对校本课程学习的科学评价,只有这样才能确保课程具有实效性和长效性。秦淮特校从多元化的职业教育理念出发构建了一个涵盖评价主体、评价指标、评价方法三大主体的校本课程学习评价机制。

一、评价主体多元化

校本课程学习评价是对学生在校本课程学习中的学习进展及其自身变化的评价,包括对学生在学习过程中所表现出的认知能力、情感态度和综合素质等多方面内容的评判,是检验学生课程学习实际获得和校本课程学习效果的重要内容。[①] 教师、学生、家长、学校管理者及相关合作企业单位人员均为课程的评价主体。学生在课堂教学中对自己、对同伴进行学习成果的评价。教师通过建立微信群,让家长及时把学生每天在家完成的作业(如做馒头、包包子等)图片发送到微信群中。这既方便老师督促、检查作业,同时也便于家长进行交流和评价。走上实习和就业岗位后,教师也会与用工单位的

---

① 黄晓玲.校本课程学习评价的现状、特点、问题及改进[J].教学与管理,2020(6):67-70.

师傅或人力资源部门负责人保持长期有效的沟通,不但能及时了解到学生在劳动岗位上的表现,也有利于总结分析学校校本课程教学与职业技能培训中的优势与不足,及时进行课程调整。

二、评价指标多元化

教育的主流思想也已从单一关注知识、能力等问题转向对个性发展、个性教育的关注。培智课堂在本质上亦应回归到对人本身的关注。[①] 这就要求学校承认和尊重学生发展的差异性和独特性,尊重自闭症学生的个性化发展。秦淮特校以就业为导向,从学生的学习态度到学习水平,从创新精神到实践能力,从知识观到价值观再到人生观,从职业态度到职业技能等给予全方位评价。一方面,重视对学生多方面素质的评价,绝不以学业成绩作为学生的唯一评价标准;另一方面,课程评价也绝不仅仅体现在小吃和面点制作课程上。因为一个人的职业素养不仅仅是职业技能或学业能力某一个方面,还包括了从业状态、岗位责任意识、心理状态等。秦淮特校有很多岗位是交给职教班的自闭症学生完成的,比如给老师分发信件、给花园里的花浇水、给秋千擦灰尘等,每个人都有具体负责的事项,这些工作对于自闭症学生而言,没有一定的岗位意识是做不好的。教师在这个过程中所给予的评价不仅仅看结果做得好不好,更要看是否及时按要求去做、是否有责任意识和质量意识等。

三、评价方法多元化

自闭症学生个体之间差异很大,其个人本身的能力之间也存在着发展不均衡的现象。因此秦淮特校在评价过程中十分注重评价方法的"三结合",即量化评价和质性评价相结合、当前发展基础与未来发展可能相结合、过程性与终结性相结合。通过多元化的评价方法真实、全面地对职业教育校本课程的质量进行评估。重视在评价的基础上提出改进、完善校本课程的思路,并

---

① 李园林,杨执潮,邓猛,等.培智课堂教学评价价值取向刍议[J].中国特殊教育,2020(5):28-32.

作为下一阶段课程实施的起点和依据。这样一个循环往复的过程,既是校本课程开发与实施的不断完善过程,也是校本课程评价改革不断深化和发展的过程。其中,秦淮特校尤其注重对自闭症学生的职业技能的形成性评价。特殊教育学校当下的职业教育课程与教学一定要指向自闭症学生未来的职业生活,学生的所学必须与其就业密切相关。而自闭症学生在学习过程中的学习特点令他们无法一教就会、举一反三,他们必定要在千千万万遍的练习之后才有可能得到提升,从量变过渡到质变。这就要求评价的主体要更多关注对自闭症学生的形成性评价,重视他们日常的练习与坚持,以形成对其终结性评价的基础和依据。

第五章 "双业一体"课程模式的建构及实践

作为自闭症学生职业教育成功的新路径,"双业一体"课程模式是基于不同类型来开展的。该模式包含学业和就业一体化、义务教育课程和职业教育课程一体化两层含义。通过将学业和就业联系贯通起来,该模式实现了学校教育和职场就业的成功对接,利于自闭症学生学有所得、学有所用。本章主要选取南京市秦淮特殊教育学校为对象,运用文献分析法和个案研究法对"双业一体"课程模式的建构和实践情况进行研究,找出该模式目前存在的问题,并结合具体实际提出相应改进建议。

第一节 文献综述

2021 年,中国精神残疾人及亲友协会自闭症工作委员会第十四届世界自闭症日宣传主题口号为:共同努力,关注与消除自闭症人士教育与就业障碍! 2017 年《中国自闭症教育康复行业发展状况报告Ⅱ》显示,我国以 1‰ 的概率保守估计,13 亿人口中,至少有超过 1000 万的自闭症人群、200 万的自闭症儿童,并且自闭症人数以每年近 20 万的速度增长。[①] 这预示着未来大批自闭症学生将进入义务及职业教育阶段或寻求首次就业。然而,事实表明,自闭症学生的就业形势不容乐观,其就业率明显较其他障碍低。美国国家纵

[①] 搜狐.中国自闭症教育康复行业发展状况报告Ⅱ[EB/OL].(2017-04-01)[2022-02-01]. https://www.sohu.com/a/131582510_661957.

向转衔研究 2(the National Longitudinal Transition Study-2，NLTS2)进行了一次调查,该调查从全国随机选取 500 名 13—16 岁的青少年自闭症样本,对他们高中毕业后的去向进行跟踪调查。结果表明,只有 34.7％的自闭症学生进入了大学,55.1％的学生成功就业。[①] 另有研究根据美国康复服务管理局(Rehabilitation Services Administration-911，RSA-911)数据库中十年的统计数据,对 47312 名自闭症学生的就业结果进行调查,结果显示自闭症学生的总体就业率仅为 37.57％,并且在横向比较时发现,自闭症学生与其他障碍类别相比,进入社会从事有偿工作的可能性最小,就业率相对较低。[②] 所以,为了促进自闭症学生的就业,应针对其职业教育构建适宜的课程模式,完成"从学校到就业"这一关键环节的过渡,进而促使自闭症学生实现自我价值、提升生活质量并融入社会。

随着社会的发展,特殊教育学校智障学生的残障类型和程度也在不断变化,特殊教育学校的学生类别不仅有智力障碍,还包括自闭症、脑瘫、唐氏综合征等。"双业一体"课程模式是秦淮特校探索出的一条自闭症学生职业教育新路径。由于自闭症学生在社交、沟通及行为等方面存在障碍,他们普遍面临就业难、就业不充分、就业稳定性差及失业率高等状况,相较于其他残疾学生,其职业教育难度更大。"双业一体"课程的设计与实施是基于不同残障类型学生的特点来开展的。"双业"即学业和就业,"双业一体"有两层含义:一是学业与就业一体化;二是义务教育课程和职业教育课程一体化。特殊教育学校"双业一体"课程模式的实践建构,即从学生身心发展特点和学业、就业需求出发,通过"双业一体"课程模式将学校当下教育教学和学生未来社会生活自然结合起来,做好各个阶段、各个领域的有效衔接,实现贯通式的

---

① Cameto R，et al. National Longitudinal Transition Study Ⅱ（NLTS2）study design，timeline，and date collection［EB/OL］.（2020-01-28）［2022-02-01］. http://www. nlts2. org/studymeth/nlts2_design_timeline2. pdf.

② Alverson C Y, Yamamoto S H. VR employment outcomes of individuals with autism spectrum disorders：A decade in the making[J]. Journal of Autism and Developmental Disorders，2018，48(1)：151-162.

培养。

一、学业和就业一体化

残疾人职业教育是指残疾学生以学业为基础,学习到一定的职业知识、提高相关的职业技能和培养高尚的职业道德,从而最终实现就业这一目标的教育。学业是实现就业的基础与保障,就业是进行学业的目标与导向。将学业和就业一体化设置能够使残疾学生系统地、连贯地接受职业教育,最终实现自力更生与融入社会。第一期特殊教育计划强调"以培养就业能力为导向""进一步加强对学生的就业指导"[①]。第二期特殊教育计划提出"加强就业指导,做好残疾人教育与就业衔接工作"[②]。《"十四五"特殊教育发展提升行动计划》再一次指出"积极开展残疾学生生涯规划和就业指导,切实做好残疾学生教育与就业衔接工作"[③]。

美国十分注重残疾学生的学业与就业一体化,强调每一学段学业的学术和非学术的职业准备,不仅注重职业知识的学习,也注重职业技能、态度、思维等能力的培养。美国的 SEARCH 项目以促进自闭症学生实现竞争性就业为目标,依托多元团队密切合作与支持,为学生提供高强度的实习机会和培训指导,将学生的学业与就业相衔接,有效地促进了自闭症学生的就业转衔和社会融合。[④] 我国在残疾人学业与就业一体化设置上也开展了许多实践。南京市为加快推进特殊教育学业就业"双业一体"培养模式,出台了《关于加快推进特殊教育"双业创优"工作的实施意见》,形成了集升学教育与职业教

---

① 国务院.第一期特殊教育提升计划(2014—2016 年)[EB/OL].(2014-01-08)[2022-02-01]. http://www. gov. cn/xxgk/pub/govpublic/mrlm/201401/t20140118 _ 66612. html.

② 国务院.第二期特殊教育提升计划(2017—2020 年)[EB/OL].(2017-07-28)[2022-02-01]. http://www. gov. cn/xinwen/2017-07/28/content_5214071. htm.

③ 国务院."十四五"特殊教育发展提升行动计划[EB/OL].(2021-12-31)[2022-02-01]. http://www. gov. cn/zhengce/content/2022-01/25/content_5670341. htm.

④ 董萍,徐添喜.SEARCH 项目在自闭症学生"从学校到就业"转衔中的应用与启示 [J].残疾人研究,2020(4):80-88.

育、职业培训、就业指导服务于一体的南京现代特殊教育体系。① 南京市聋人学校以"学业争优,就业创优"为目标,为聋生的可持续发展奠定了坚实基础。②

我国特殊教育学校在学业就业一体化设置上也进行了积极的探索与实践。广东省深圳市元平特殊教育学校坚持"以生为本、育残成才"的育人理念,构建了"职业教育、就业培训、就业安置一体化"的自闭症学生多元化职业教育"立交桥"模式。③ 南京市溧水区特殊教育学校以此为例,探讨并建构了本土化的农村自闭症学生"教育—培训—就业"一体化的职业教育模式。④ 温岭市特殊教育学校培智职高将课程与就业相结合,以市场为导向,选准职教专业,针对市场需求和学生生活所需精准设置职业教育项目,培养学生掌握多种劳动技能。⑤ 江西省九江市特殊教育学校坚持"发展早期康复教育、夯实九年义务教育、拓宽高中职业教育"的办学宗旨,形成了"康复、教育、就业"三位一体的自闭症办学模式。秦淮特校则从学生身心发展特点和学业、就业需求出发,以学业为基础,以就业为导向,以提高学生品德修养、文化基础知识、生活技能和职业能力为目标,构建了"双业一体"教育模式。⑥ 将学业和就业一体化设置,把学业和就业看作"一盘棋",以学业为基础、以就业为导向,以提高学生品德修养、文化基础知识、生活技能和职业能力为目标一体化构建学校课程体系。其中,九年义务教育和三年高中职业教育两个阶段的学业、就业课程相互关联、相互渗透、相互融通、相互促进,它们环环相扣,呈螺旋式上升。

---

① 雨田.南京加快推进特殊教育学业就业"双业一体"培养模式[J].现代特殊教育,2012(6):22.
② 陈金友.学业争优 就业创优——为聋生可持续发展奠定坚实基础[J].现代特殊教育,2012(10):11-14.
③ 张德生.智障学生多元化职业教育课程模式探讨[J].现代特殊教育,2012(9):30-32.
④ 葛华钦.农村特殊教育学校智力障碍学生职业教育的实践与思考[J].现代特殊教育,2016(8):3-7,18.
⑤ 丁叶志.培智职高教育与学生就业思考[J].现代特殊教育,2017(11):58-60.
⑥ 张慧.培智学校"双业一体"课程模式的实践建构[J].现代特殊教育,2019(23):65-67.

二、义务教育课程和职业教育课程一体化

课程一体化是义务教育与职业教育实现贯通的关键。打通义务教育课程和职业教育课程的有效衔接,能够使自闭症学生进行从劳动教育到职业教育再到专业技能的系统学习,在贯通式的培养模式下实现个性化的成长与发展。《中华人民共和国残疾人保障法》指出,"实行普及与提高相结合、以普及为重点的方针,保障义务教育,着重发展职业教育"①。《"十四五"特殊教育发展提升行动计划》鼓励"有条件的地区建立从幼儿园到高中全学段衔接的十五年一贯制特殊教育学校"②。

美国针对聋和重听学生的职业准备以及中学生的成年生活准备提供了一系列课程,包括从学术课程到职业和技术课程再到美术和体育。③ 德国建立起了相互衔接、多元立交的现代残疾人职业教育体系,做好了职前、职中、职后的衔接,实现了职业教育与其他类型教育间的融通。④ 新加坡的新光学校除了学术性课程与非学术性课程相互配合外,还十分强调小学、中学和职业教育课程的衔接,即基础教育不同阶段课程的相互衔接,为学生顺利过渡到高等院校或继续修习职业教育课程做好了准备。⑤

我国台湾地区为自闭症学生建立了完善的就业转衔体系,从 2001 年起,台湾地区开展"身心障碍学生十二年就学安置计划",为自闭症学生提供了进入高中就读的机会,这使其在完成九年义务教育之后还能继续进入普通高中

---

① 国务院.中华人民共和国残疾人保障法[EB/OL].(2008-12-11)[2022-02-01].http://www.gov.cn/test/2008-12/11/content_1174760.htm.

② 国务院."十四五"特殊教育发展提升行动计划[EB/OL].(2021-12-31)[2022-02-01].http://www.gov.cn/zhengce/content/2022-01/25/content_5670341.htm.

③ Nagle K, Newman L A, Shaver D M, Marschark M. College and career readiness:Course taking of deaf and hard of hearing secondary school students[J]. American Annals of the Deaf, 2016, 160(5):467-482.

④ 陈瑞英.德国特殊人群职业教育的经验对我国现代职业教育体系构建的启示[J].职教论坛,2015(30):93-96.

⑤ 李倩雯,唐建荣.新加坡自闭症特殊学校课程设置研究——以新光学校为例[J].教育观察,2020,9(3):95-97.

或高职学校接受教育,帮助其提高生活、学习和社会适应能力。① 北京市宣武培智中心学校"十一五"期间在遵循特殊教育个别化走向的基础上,形成了"宽基础、活模块、多能力、个别化"的自闭症职业教育模式,这使得学校的职业教育课程设置进一步完善,自闭症学生的日常生活能力、职业技能和品质、就业能力得到提升。② 浙江特殊教育职业学院基于生涯发展理论,从义务教育阶段开始进行职业生涯教育,其以"生活"为核心的教育理念为培智学校实施职业启蒙教育提供了很好的课程平台与环境基础。③ 山东省淄博市博山区特殊教育中心学校从完善特殊教育体系和提升特殊教育实效出发,将技能课程教学提前到学前段、义务段,以加强对学生劳动技能的培养,为自闭症学生职业教育阶段的学习打下了基础。④ 浙江宁波市达敏学校探索出自闭症学生职业教育的"达敏模式",强调宽基良适、一专多能,开展九年义务教育阶段及职高阶段的全面评估,强调基础学科课程与专业技能课程相结合。⑤ 秦淮特校在进行义务教育课程和职业教育课程一体化设置时,通过基础类课程、康复类课程、职教类课程,将职业教育渗透到义务教育各阶段,使学生进行从劳动教育到职业启蒙再到专业技能的系统学习,有效促进了义务教育和职业教育的一体化,打通了义务教育和职业教育的有效衔接,让自闭症学生在贯通式的培养模式下实现个性化成长与发展。

---

① 任可雨,冯维.台湾地区高职阶段智力障碍学生就业转衔及启示[J].绥化学院学报,2016,36(7):54-57.
② 北京市宣武区培智中心学校课题组,黄英.智障学生职业教育深化研究[J].中国特殊教育,2010(10):32-38.
③ 张晓丹,骆中慧.基于生涯发展理论的培智学校职业启蒙教育探讨[J].现代特殊教育,2017(6):43-46.
④ 杨超茹,魏泽园,狄邢辰,颜廷睿.构建多元化校本课程体系,努力给每一位孩子提供适合的高质量的教育——对话山东省淄博市博山区特殊教育中心学校校长尹连春[J].现代特殊教育,2021(21):6-8.
⑤ 周旭东,姚俊,傅海贝.有效开展职业教育,为自闭症学生终身发展赋能——浙江省宁波市达敏学校的实践探索[J].现代特殊教育,2020(5):13-16.

第二节　研究目的和方法

一、研究目的

本书选取秦淮特校为研究对象,从学业和就业一体化、义务教育课程和职业教育课程一体化两个维度阐述了秦淮特校"双业一体"课程模式建构和实践的现实状况,并对其进行总结与提炼,在充分结合自闭症学生身心特点及其职业教育现实问题的基础上,对秦淮特校"双业一体"课程模式存在的问题进行详细的分析与讨论,进而提出相应的改进建议。本书希望以秦淮特校"双业一体"课程模式建构和实践的经验为基础,为其他学校开发与改进自闭症学生职业教育课程模式提供参考与借鉴。

二、研究方法

对"双业一体"课程模式的建构和实践情况进行研究,主要运用了文献分析法和个案研究法两种方法。

(一)文献分析法

本书对中国知网(CNKI)及 EBSCO 系列数据库收集到的国内外残疾人职业教育课程模式的相关文献资料进行研究,同时搜集网络、报纸等媒体资料,以及查阅政府文件、报告、新闻等官方材料,通过系统梳理相关的研究成果,以了解和把握国内外残疾人职业教育课程模式的研究动态,一方面,明确研究思路,为本书提供理论支持和论证依据,从而更好地剖析自闭症学生职业教育及"双业一体"课程模式的内涵;另一方面,细化研究问题,为本书研究的展开提供思路及方法上的借鉴,并从中引出自己对自闭症学生职业教育"双业一体"课程模式的观点。

(二)个案研究法

个案研究是指研究者以某一个体、群体、组织或事件为研究对象进行系统的调查,尽可能多地搜集资料,以解决研究问题的一种研究方法。[①] 在个案研究过程中,研究者可以看到某个事物的全貌,通过直接、全面的观察,获得动态的资料,对观察的现象有深刻和充分的理解,使研究更加深入,从而避免表面化的倾向。[②] 本书以秦淮特校"双业一体"课程模式为单一的研究对象,通过对该校"双业一体"课程模式的全面分析来了解该校自闭症学生职业教育课程模式的开发情况,以期为其他学校该类课程模式的开发改进提供蓝本及参考。

第三节 研究结果

随着融合教育的发展,我国培智学校在招收智力障碍学生的同时,还兼收自闭症、多重障碍、脑瘫等学生。与其他残疾学生相比,自闭症学生的职业教育仍是现代特殊职业教育中较为薄弱的环节。造成这一现象的原因主要包含两方面:一是自闭症学生在社交、沟通及行为问题等方面的障碍,使得他们在就业上存在困难;二是因为培智学校的职业教育课程面临着"无课程标准""无教材""无教师用书"的三无局面,不能完全满足自闭症学生职前教育和就业需求。因此,秦淮特校针对自闭症学生的差异性,以发掘学生潜能、提高职业素养和岗位职业技能为原则,优化课程设置,构建与实施了以就业为导向的"双业一体"课程体系。一方面,将学业和就业进行一体化设置,包括培养目标与市场要求一体化、专业设置与就业领域一体化、课程设置与岗位需求一体化;另一方面,强调义务教育课程和职业教育课程一体化,包括义务教育和高中教育十二年一体化,基于生态构建的职业教育课程体系,以学生为中心加强横向、纵向联系。具体论述如下。

---

① Kenny W R, Groiclucschen A D. Making the case for case study [J]. Joural of Curriculum Studies, 1984(16):37-51.

② 王晓柳,邱学青. 特殊教育研究方法[M]. 南京:南京师范大学出版社,1998:141.

一、学业和就业一体化

通过研究发现,学业和就业一体化是"双业一体"课程模式的重要特征之一,在促进自闭症人士就业中发挥着重要作用。进行学业和就业一体化设置时,主要从培养目标与市场要求一体化、专业设置与就业领域一体化、课程设置与岗位需求一体化三个方面进行考虑。

(一)培养目标与市场要求一体化

职业教育就是就业教育,课程培养目标就是学生达到就业标准。在产业结构转型发展背景下,市场对从业人员的素质与能力要求普遍提高。[①] 因此,职业教育应以市场用人要求为依据,精准定位人才培养目标。秦淮特校自闭症学生中等职业教育培养目标为:养成乐观向上的生活态度和良好的职业道德、行为习惯,具备必需的基础知识和职业技能,适应社会发展,有就业或自主创业的意识及能力,成为面向酒店、糕点房、餐饮企业等相关就业岗位的社会劳动者。对于自闭症学生来说,从学校到社会的转变充满着挑战与不确定性,因此将职业教育培养目标与市场要求相结合,能够使得自闭症学生成为兼具职业知识、职业道德和职业技能的劳动者,从而提高其就业竞争力,帮助其更好地进入劳动市场、融入工作环境。

(二)专业设置与就业领域一体化

影响学生就业能力的重要因素是职业教育专业的设置,科学合理的专业设置能够为学生就业水平的提升奠定坚实的基础。秦淮特校的专业设置包括必修专业与选修专业,必修专业有中式面点、西式面点、秦淮小吃制作,选修专业有手工编织、园艺、餐饮服务、家政服务等。以餐饮为主的必修专业注重考量学生生存的现实需要,丰富的选修专业能满足不同学生多样化的成长需要。中西面点制作、秦淮小吃制作、餐饮服务是秦淮特校的核心专业,在进行专业设置时,学校不仅考虑学生的身心发展特点和能力水平,还充分结合

---

① 杨红玲.市场需求导向下职业教育产教融合育人机制的重构[J].职教论坛,2020,36(10):140-145.

区域市场经济和社会发展需要,这不仅能帮助学生顺利实现就业,还利于促进其终身发展。通过市场调查分析、职业性向评估、生涯发展规划、制订教育计划等环节,学校充分实现了专业设置与就业领域相契合,有效促进了自闭症学生的就业。

(三)课程设置与岗位需求一体化

课程作为职业教育教学的精髓,关乎学生能否具备成为真正合格劳动者的知识储备的问题,同时在学生的全面发展中起着不可替代的作用。[1] 学校应该根据市场岗位需求考虑课程内容与人才培养层次之间的匹配程度,在实践中不断优化课程结构,使课程设置更加符合市场岗位对学生的知识、能力、素质要求。秦淮特校的职业教育课程既包括语文、数学、生活适应、劳动技能等公共基础类课程,还包括感知觉、动作与体能、语言康复、人际交往等康复补偿类课程,以及中西面点制作、秦淮小吃制作、餐饮服务等专业技能课程。秦淮特校在进行课程设置时,始终坚持以学生为本,以培养其就业能力为核心,以实现其就业为导向。为了提高学生的生活和社会适应能力,学校还开发了符合岗位需求的职业教育校本课程,既关注学生共性需求又兼顾个性需要,力求做到学术性和功能性相结合,为自闭症学生当下生活和未来生存发展双向考量。

二、义务教育课程和职业教育课程一体化

义务教育课程和职业教育课程一体化是"双业一体"课程模式的另一个重要特征,具体表现为义务教育和高中教育十二年一体化、基于生态构建的职业教育课程体系、以学生为中心加强横纵向联系三个方面。

(一)义务教育和高中教育十二年一体化

义务教育和职业教育作为培智学校教育的两个不同的层次,在培养目标、专业设置、课程设置等方面既有区别又有联系。自闭症学生的义务教育

---

① 王欢.就业背景下对智障学生职业教育课程设置与实施的研究[J].中国电力教育,2014(12):117-118.

应为其职业教育的学习做好准备,而职业教育应是义务教育的提升与延伸。① 秦淮特校将义务教育课程与职业教育课程进行一体化构建,整体组织十二年一贯制课程与教学内容,打通了九年义务教育和三年高中职业教育,系统开发了基础类课程、康复类课程和职业教育类课程,形成"双业一体"课程体系,在最大限度上满足了自闭症学生终身学习的职业诉求,为自闭症学生不断学习创造了条件和机会。

(二)基于生态构建的职业教育课程体系

基于生态视角构建职业教育课程体系对发展职业教育具有重要意义。自闭症并不仅仅是某个个体在内部发生了问题,而是个体在与环境之间的互动关系上发生了障碍。② 自闭症学生在身心发展上的障碍,使得他们更适合在社区就业、生活。因此,自闭症学生职业教育的落脚点要在充分考虑生态环境的支持及学生职业性向的基础上,实施生态化教育模式,科学设置专业方向、培养目标和课程内容,开发满足学生需求的课程,提供生态化的环境支持,这样更有利于充分发掘学生潜能,实现支持性就业。秦淮特校基于生态构建了基础类、康复类、职业技能类三大课程体系,这三类课程在促进学生全面发展和实现就业的目标引领下,使自闭症学生进行从劳动教育到职业启蒙再到专业技能的系统学习,三者的不断上升和有机渗透打通了义务教育和职业教育的衔接堵点,使职业教育呈现为一个统一完整的生态系统,让自闭症学生在贯通式的培养模式下实现个性化生长。

(三)以学生为中心加强横向、纵向联系

从义务教育到职业教育,课程内容之间存在纵向的贯通和横向的融通关系,构成一个不可分割的整体。横向上,义务教育课程与职业教育课程之间相融互通,通过提炼八大生活主题将义务教育和高中职业教育阶段三类课程

---

① 武伟.智力障碍学生职业教育模式研究——以 Q 校中西面点＋秦淮小吃专业"双业一体"为例[D].西安:陕西师范大学,2020.

② 杨福.生态化教育模式在自闭症儿童学校教育干预中的探索与思考[J].现代特殊教育,2018(5):72-74.

整合,八大主题帮助自闭症学生掌握从适应环境到解决生活问题,甚至未来就业等各方面的知识和能力[①],引导学生找到适合自己的成长成才路径。纵向上,在坚持动态性与有序性、循序渐进与螺旋上升、学科逻辑顺序与学生心理顺序相统一等原则的基础上,低年级学生注重功能改善、自理能力提升;中年级学生加强劳动技能、发展潜能;高年级学生进行职业启蒙、学会生存。课程循序渐进使得每个学生都能获得最适切的发展。

第四节 分析与讨论

一、"双业一体"课程模式实施的成果

(一)完整的课程目标

现代教育的目标,不能只是强调靠短时间的刻苦,一劳永逸地获取知识,而要靠终身学习建立一个不断演进的知识体系,进而做到"学会生存"。[②] 自闭症学生的个人残障造成了自身功能的局限,同时也限制了其在受教育过程中学校课程目标的实现程度。"双业一体"课程模式下,秦淮特校在实施教育过程中形成了针对自闭症学生的完整的课程目标,该目标不仅将职业教育与义务教育目标相贯通,学生的学业与就业、当下与未来相衔接,而且将学生的核心素养培养贯穿其中,使得自闭症学生更好地走向工作岗位、适应社会。

(二)多元的教学策略

有效的教学策略能够切实发挥教育功能,提高自闭症学生的学习成效。在"双业一体"课程模式下,秦淮特校针对自闭症学生发展特点和需求形成了多元的教学策略。首先,以结构化教学为主,鼓励学生勤学苦练职业技能。

---

① 张慧.培智学校"双业一体"课程模式的实践建构[J].现代特殊教育,2019(23):65-67.
② 联合国教科文组织国际教育发展委员会.华东师范大学比较教育研究所.学会生存——教育世界的今天和明天[M].上海:上海译文出版社,1982.

针对自闭症学生的个性特点,在职业教育教学过程中,让他们尽可能在结构化、程序化的教学环境中进行有序的学习和训练,在大量的日常训练中不断夯实职业技能,逐渐培养其专注、主动、自觉的职业劳动习惯,在集体教学中学习核心专业课程,培养适合自己的职业专长。其次,明确学生职业理想,重视社会功能改善。通过参加社会招聘会、去酒店见习、一人一岗等途径强化职业岗位意识,帮助学生找到自己的职业兴趣并培养职业专长,从而树立自己的职业理想。同时在学校教学与训练过程中,训练其社会功能,做到人格培养与职业技能训练并重,同时通过以赛促练等形式激发学习的积极性。最后,在家庭中巩固技能。家长和学校要形成教育合力。学生所学的职业技能通过作业延伸到家庭里,在反复巩固中日益熟练,同时通过组织学生把自己烹制的美食运到社会上售卖,使其在与不同人的互动沟通中深化体验、增强适应性,在社会体验中获得提升。

（三）个别化教学模式

个别化教学强调适应并注意学生的个性发展,它采用较灵活的方式,使教学适应学生学习的个别差异。在"双业一体"课程模式实施背景下,秦淮特校为每一位学生量身定制个别化教育计划及生涯发展规划,并以菜单式课程教学满足学生的多元化发展需求。在义务教育阶段和高中阶段,通过对学生学习进行科学评估,为其拟定个别化教育计划,并在实践中不断完善,确保有效推进;从初中阶段开始,为每一位学生量身定制生涯发展规划,以此为基础,通过课程、综合实践活动及融合活动等多种形式使学生进一步确定生涯发展方向。在个别化教学模式下,每个自闭症学生都获得了适应性的发展,有的通过职教三年的学习成为面点师、有的成了一名帮厨……也有的学生在做西点师不适宜时,经过老师的个别化指导成为一名画家;对于不能及时就业和转型困难的学生,学校也进行了一对一跟踪辅导,确保每个学生都能获得个性化发展。

（四）丰富的资源支持

为特殊学生提供特殊教育课程资源支持与服务是职业教育的重要一环。

"双业一体"课程模式的建构非常注重支持性课程资源系统的开发与应用。在校内,课程理念、励志标语充斥每个角落,康复器械及各种与生活相关的情景角满足了学生康复与贴近生活的需要,职业实训基地及农场的建设满足了学生学习和实践的需求;在校外,学校联合各企业和事业单位、其他院校等,一同建设了校外就业实训基地并联合打造了"双师型"教师队伍,有效促进了毕业生的就业;在教材上,学校先后开发了十余门学科共计百余本校本课程教材及网络资源库。体验式、沉浸式的校内学习和校外实习环境建设,使得学生能够充分进行感知、体验并积极参与学习,丰富、立体的资源支持,使得学生的职业能力得到有效提升和巩固。

（五）适切的就业安置

适合自闭症学生最好的教育就是使他们实现就业、融入社会的职业教育,其中关键一环是帮助他们找到合适的企业和岗位。在"双业一体"课程模式实施背景下,秦淮特校形成了金字塔式的自闭症学生分类就业样态,学生未来就业方向包括居家就业、在社会支持下实现辅助性就业、在固定岗位上实现就业、参与社会竞争就业或自主创业。当前,4个五星级酒店、3个四星级酒店和2个全球连锁的餐饮公司较好地满足了秦淮特校自闭症学生的就业需求。学校为自闭症学生提供积极的行为支持,充分挖掘每位学生的职业潜能,变弱势为职业优势,让学生的职业素养尽可能符合他们的企业岗位要求,助力学生实现稳定就业。目前已毕业的自闭症学生中,4人就业于四星级、五星级酒店,平等地参与社会劳动,实现了自食其力;2人一直专注于绘画,有时参加职业劳动,有时举办各种画展。

（六）独特的职教品牌

对于自闭症学生来说,进行职业教育主要体现了教育社会功能的一个方面:提升学生社会化发展水平,形成广泛的社会适应技能。秦淮特校"双业一体"理论丰富了我国培智学校职业教育理念,该课程模式创新了培智学校课程结构,促进了校内外教学资源的融通,开辟了学生学习的新途径。在这一独特模式的引领下,学校充分结合当地的经济文化特色及市场需求,打造了具有区域特色的专业——"秦淮小吃＋特色面点"。这一独特的职业教育品牌专业特色鲜明、可持续发展性强,帮助学生稳定就业,成为江苏省南京市所有智障孩子的就业典范。该职业教育品牌也因此受到社会各界的广泛赞誉,并且于 2013 年被江苏省残联授予"省级残疾人职业培训示范点",被南京市残联授予"南京市残疾人职业培训基地"称号,为其他培智学校的职业教育尤其是自闭症学生的职业教育发展提供了一定的借鉴与启示。

二、"双业一体"课程模式实践的反思

(一)完善理论,提升实践,深化运用

"双业一体"作为一种理论应是在实践中不断创新与发展的,与之相关的课程、教育教学理论需要不断深入,通过在实践中思考与提炼的不断深入发展,使其系统化和科学化。随着融合教育的发展及自闭症残障程度的不断变化,在具体实践中,"双业一体"课程模式如何针对不同学生开展需要进一步探索与研究。"双业一体"课程模式在实际推广与运用中,需要一线教师深化理解、深入研究,在实践与反思的基础上,不断提高自身的课程实施能力。

(二)做好转衔辅导,实现终身支持

"从学校到就业"的转衔是指学生从稳定的校园环境转向一个无法预测、具有竞争性且不稳定环境中的过程。[①] 自闭症学生由于自身障碍在职业转衔时面临许多困难,导致其就业率低于其他学生。在"双业一体"课程模式下,自闭症学生完成九年义务教育和三年职业教育后,能顺利走上工作岗位,融入社会生活,需要尽早为他们做好职业生涯规划,进行职业转衔指导。学校应在生涯规划的基础上做好各阶段的转衔教育与辅导,构建终身支持体系。首先,以综合评估为基础,在每个阶段对学生进行动态评估,以便全面了解学生自身情况及未来就业可能面临的问题,并根据学生的个别化教育需求对课程做相应调整,为学生提供精准服务;其次,以转衔技能为依托,通过构

---

① James R. Examining the exclusion of employees with asperger syndrome from the workplace[J]. Personnel Review, 2012(41): 630-646.

建转衔课程体系及职场实习等途径,不断提升学生的职业技能,从而提高其就业能力;最后,以多元合作为手段,做好转衔辅导,这不仅需要教师的教学,还应寻求多方帮助,比如自闭症专家、康复咨询师、就业辅导员等,以此有效解决自闭症学生就业转衔中遇到的困难,确保学生顺利转衔。

（三）加强师资力量,优化教师队伍

职业教育的发展、"双业一体"课程模式的实施离不开优秀的教师,为了更好地促进"双业一体"课程的建构与实施,需要加强师资力量、优化教师队伍。充足的教师数量是师资队伍建设的首要目标,学校应通过增加教师的编制名额、外聘教师等形式扩充教师队伍,以便保证学生的学习和日常生活事务管理。除了保证教师的数量,还应该优化教师队伍的结构,一方面,通过加强教师的选拔力度和聘任要求来使更多优秀教师加入教师队伍之中;另一方面,还应加强教师的在职培训,可通过聘请相关专家对教师进行短期培训,也可通过派遣教师到优秀院校进行交流学习等形式加强校外培训,从而开阔教师的视野,提高教师的综合能力。此外,还应加强"双师型"教师队伍的建设,打造一支既有丰富的特殊教育专业知识,又有高尚师德还兼具较高实践教学能力和丰富职业教育相关实践经验的教师队伍,为"双业一体"课程模式的实践提供人才支撑。

（四）匹配课程体系,优化教学模式

决定自闭症学生发展水平和就业质量的关键因素是职业教育课程与教学模式。在"双业一体"课程模式实施背景下,如何厘清学校和市场、教室和职业现场的关系,需要进一步建设与就业相匹配的课程体系和教学模式。职业教育课程是提升职业教育质量的重要基础和保障,真正的课程不应仅仅体现在课堂和实践中的知识与技能的学习,还应表现于学生日常生活的时时、处处,应将职业素养渗透在学生的一举一动之中。通过增设职业道德、心理健康及法律课程,来提高学生的职业道德和法律意识,增强职业素养的渗透力度及加强心理健康建设,同时也要注重开发有利于培养自闭症学生社交、自我管理等能力的课程,这些课程不仅要能提高学生就业相关的技能,也要能提升学生的就业"软实力"。就教学模式而言,在坚持"宽基础、活模块、多能力、多层次"的基础上,进一步落实个别化教育模式,尊重差异,适应学生个性发展,同时综合运用结构化教学、回合式教学等多样化教学模式,满足学生多样化的教学需求。

(五)构建四位一体的就业支持模式

自闭症学生要实现顺利走向就业岗位,职业技能和社会化能力显然是第一位的。由于自闭症学生自身的弱势,他们的社会融入问题一直是学校开展职业教育面临的最大挑战。因此,构建自闭症学生就业支持体系显得尤为重要。提升自闭症学生的就业质量,应当在"双业一体"教育模式内建立起政府、学校、社会和家庭"四位一体"的支持体系。首先,政府应发挥积极的引导作用,通过财政、税收等相关政策调动企业参与职业教育、接纳自闭症学生就业的积极性,整合社会资源,拓宽自闭症学生就业途径;其次,学校应通过课程及各种实践活动增强自闭症学生职业能力,并根据市场及岗位需要调整课程设置,提升其综合素质,与此同时还应积极寻求校内外合作,建设学生职训基地,以模拟上岗的形式来上课,保证学生熟悉岗位要求并在毕业后能够顺利上岗;再次,社会营造包容氛围的同时,尤其是企业应承担起社会责任,积极与学校加强校企合作,建立长效合作机制;最后,家庭要积极配合学校的教学活动,强化家校合作理念,与学校共同建立家校合作组织,协力推进自闭症学生的就业安置与社会融合。

第五节　结　论

美国疾病控制与预防中心(Centers for Disease Control and Prevention,CDC)发病率和死亡率周报(Morbidity and Mortality Weekly Report,MMWR)发布的最新报告显示,每44名8岁儿童中就有1名(2.3%)被确认患有自闭症。随着自闭症的数量逐年增加,处在就业年龄的自闭症学生越来越多。与发达国家相比,我国自闭症学生职业教育的相关研究与实践起步晚,职业教育模式较为单一。本书选取秦淮特校为研究对象,通过文献分析法和个案研究法从学业和就业一体化、义务教育课程和职业教育课程一体化两个维度阐述和分析了秦淮特校"双业一体"课程模式建构与实践的内涵和现状,总结了"双业一体"课程模式实施的成果,反思了其存在的不足,并提出了相应建议。

秦淮特校"双业一体"课程模式有两层含义:一是学业与就业一体化;二是义务教育课程和职业教育课程一体化。其中学业与就业一体化分为培养目标与市场要求一体化、专业设置与就业领域一体化、课程设置与岗位需求一体化;义务教育课程和职业教育课程一体化分为义务教育和高中教育十二年一体化、基于生态构建的职业教育课程体系、以学生为中心加强横向和纵向联系。在这一课程模式下,该校职业教育取得了较好的成效,形成了完整的课程目标,开发了多元的教学策略,建构了个别化教学模式,对学生进行了适切的就业安置,树立了独特的职教品牌。"双业一体"课程模式虽在一定程度上弥补了已有自闭症职业教育模式的不足,但是该模式自身尚存在不完善之处。随着融合教育的发展,当前急需在实践中进一步思考如何优化"双业一体"课程模式。为此,首先,应完善理论,提升实践,深化运用;其次,要做好学生的转衔辅导,实现终身支持;再次,应匹配课程体系,优化教学模式;最后,要继续加强构建四位一体的就业支持模式。

当下,特教学校需要形成"升学教育与职业教育、职业培训、就业指导服务"融为一体的现代特殊教育体系,帮助自闭症学生实现"升学有路、就业有门、创业有方"的良好发展局面,尊重、支持并成就每一个自闭症学生。在"双业一体"课程模式的建构及实践下,越来越多的自闭症学生克服自身缺陷,扬长避短地走上了工作岗位,融入于社会之中。未来全社会应共同努力,为自闭症学生撑起一片蓝天,为我国残疾人职业教育的发展添砖加瓦,为促进我国社会的和谐进步而不断前进。

第六章 "三方关注"校本教材开发的职业教育实践

　　教学是由教师的"教"与学生的"学"构成的双边活动,教材是实施课程教学、提高人才培养质量的重要媒介,也是学生学习掌握知识并进行知识迁移的重要资源,能够体现职业学校的办学特色、专业特色、课程特色的校本教材在其中所起的作用更是如此。校本教材这一概念的引入源于课程开发,有三方面的含义:一是为了学校,二是在学校中,三是基于学校。[①] 校本(school-base),强调的是"以学校为本",即学校的教育教学活动以学校的培养目标与价值追求为根本。校本教材主要是学校在落实国家课程和地方课程标准的前提下,为了满足学生个性化发展的需要,根据科学的教育评估,利用本学校、本地域的优势教育资源开发出具有鲜明特色的教材体系。[②] 校本教材的本意是突显学校的办学特色、教师特点和学生特点,其主要功能是帮助学生发展兴趣,充分发挥和体现学校的办学特色。校本教材并不是要自成体系,而是在结合学校特色的基础上的特色资源,与国家统编教材相比,校本教材开发强调以学生发展为中心,以教师自主为操作手段,以学校特色发展为个性平台,是一种独具特色、因材施教的持续、动态发展过程。职业教育校本教材开发更需体现以就业为导向,以促进学生发展为目标,以促进教师专业素养提高为主线,综合各方资源优势所开发的教材。职业教育校本教材开发有助于职业学校办学特色的形成,促进教师的专业发展,提高教师的自身教学

---

① 郑金洲."走向校本"[J].教育理论与实践,2000(6):11-14.
② 许世华,曹军,谭会恒.关于校本教材建设的几点思考[J].高教论坛,2012(3):49-51.

水平,同时也有助于学生个性的发挥,提高学生对社会生活和未来工作的适应性。国务院印发的《国家职业教育改革实施方案》特别强调要重视"三教"(教师、教材和教法)建设,对职业教育加快教材建设、提高教材质量水平提出了明确的目标要求。

第一节 文献综述

国家逐步重视职业教育,并对职业教育加快教材建设与提高教材质量水平提出了明确的目标要求。为了进一步促进职业学校办学特色的形成,提高教师的专业发展水平,增加学生个性的发挥,培养学生对社会生活和未来工作的适应性,根据现有的文献,笔者在以"职业教育"和"校本教材"为关键词查阅文献后确定从以下六个方面展开论述:职业教育校本教材开发的流程,职业教育校本教材开发的目标和定位,职业教育校本教材开发的队伍组建,职业教育校本教材开发的原则和特色,职业教育校本教材开发的内容和形式,职业教育校本教材开发的评价和审定机制。

一、职业教育校本教材开发的流程

有研究者在对中职学校数学校本教材编写进行研究分析后,将其分为四个阶段:第一阶段对学生的专业知识需求进行调查,选定教材内容,满足学生的兴趣和需要;第二阶段以学生已有的知识体系为依据,构建教材体系;第三阶段为教材编写阶段,教师把自己的教学经验和平时遇见的问题、同行和专家的意见有机融入教材之中;第四阶段教材在实践中多次实践、反馈与评价,并进行修改与完善。[1] 还有研究者将校本教材开发的过程分为五个阶段:确定教材开发理念、研判校情分析学情、确定教材开发目标、制定教材开发方案、检验教材内容成效。[2]

---

[1] 贾瑞玲.中职学校数学校本教材的开发研究[D].长春:东北师范大学,2019.
[2] 曹鹏鹏.中等职业学校校本教材的开发与应用研究[D].信阳:信阳师范学院,2018.

　　有研究者在培智学生烹饪校本教材开发中探讨了基本技能的开发主要经历三个阶段:(1)前期准备阶段:细化操作步骤,完善操作流程;(2)中期制作阶段:拍摄分步照片,搭建知识结构;(3)后期修改阶段:校对操作步骤,调整教材内容。在教学过程中采用"小步子"教学法,并且突出关键步骤,凸显每个技能的标准和要求,更符合学生学习特点。①

　　总而言之,校本开发程序大体可分为:前期准备阶段、开发进行阶段、调整修改阶段。每个阶段目标明确,有不同的内容:准备阶段包括教师队伍成立、成员培训、计划制订等;开发进行阶段以教材开发设计为主,设计教材的内容选取、呈现形式等;调整修改阶段包括具体实施、专家审读,并进行评估和改进等。②

二、职业教育校本教材开发的目标和定位

　　习近平总书记在党的二十大报告中提出,统筹职业教育、高等教育、继续教育协同创新,推进职普融通、产教融合、科教融汇,优化职业教育类型定位。③ 职业教育的理念是"以就业为导向,以能力为本位",教材作为教学的重要工具,也应贯彻落实。有研究者认为职业学校校本教材的设计须体现"以能力为本位,以职业实践为主线",打破了传统的以学科知识体系对教学内容有条不紊地阐述的模式,且设定了总教学目标、技能教学目标、素质教学目标等具体目标要求④,旨在使学生通过完成项目和练习熟练地掌握所需要的技能,不断提高自己的专业能力和实践能力。

三、职业教育校本教材开发的队伍组建

　　强有力的师资队伍是保障教材编写质量的关键,有研究者指出职业学校

---

① 全桂红,苏晓平,郭天旻.智障学生初级职业教育学校烹饪专业课校本教材开发的实践研究[J].中国特殊教育,2012(11):25-29,35.

② 陆文深,马金晶.课标背景下我国特殊教育学校教材研究的回顾与展望[J].绥化学院学报,2021,41(10):138-142.

③ 习近平.高举中国特色社会主义伟大旗帜为全面建设社会主义现代化国家而团结奋斗——在中国共产党第二十次全国代表大会的报告[M].北京:人民出版社,2022.

④ 张宝升.中职学校校本教材开发研究[D].长沙:湖南师范大学,2015.

校本教材开发的人员主要包括以下四类:学校领导宏观把握,教师是方案的设计者和编写者,教材专家是理论指导者,企业、行业专家和学生是质量审查者。[①]

首先,职业教育校本教材开发不是闭门造车,应与其他学校成为合作伙伴,达到资源互补;其次,教育专家的合作参与,为教材开发提供有力的理论指导;再次,与科研院所、研究机构合作以编写出更加科学的材料,与此同时,政府行政部门的大力支持以及协调安排社会资源也会使得教材开发更加顺利;最后,学校领导的整体把控以及各位老师各抒己见、合作共赢,从而打造出普遍适用的校本教材。[②]

四、职业教育校本教材开发的原则和特色

校本教材在内容的安排和取舍上,遵循"尊重学科,但不恪守学科性"的原则,减少理论推导,着重阐明实践应用价值,强调相关学科之间的横向连接,注意与专业课程的接口,力求做到立足实践与应用,拓宽基础知识面,强化能力训练和迁移,使一般能力的培养和职业能力的培养相结合。对于课程资源的选择必须注意以下原则:(1)基础性原则;(2)实践性原则;(3)先进性原则;(4)优先性原则。[③]

教材主要指高职教科书,即文字教材,不包括相关的参考书、实验室手册、多媒体课件等。在开发高职教材时应遵守一般原则,如思想性、科学性等,同时,还应该遵循高职教材特性原则:(1)行业需求导向;(2)要求目标明确;(3)以应用知识和知识的应用为主;(4)能力训练强化;(5)内容不断更新;(6)多种手段并用;(7)评价方法科学;(8)学习进度灵活。[④]

在特殊教育职业课程美术校本教材的开发与研究中要遵循以下三条原则:均衡性和特殊性相结合的原则,既能够促进学生的全面发展,形成正确的

① 李芳.职业学校校本教材开发研究[D].长沙:湖南师范大学,2013.
② 曹鹏鹏.中等职业学校校本教材的开发与应用研究[D].信阳:信阳师范学院,2018.
③ 张旭梅.中职数学校本教材的开发[D].上海:上海师范大学,2009.
④ 黄春麟.关于高等职业教育教材开发的几个问题[J].职业技术教育,2000(13):12-13.

价值观,又能够促进学生职业知识和能力的发展;统一性与选择性相结合的原则,既强调特殊教育教材的普遍性,也要根据学生实际情况促进学生个性发展满足学习需要;针对性与层次性相结合的原则,既要遵循学生的认知规律和学习能力,同时也要考虑学生的个体差异,根据学生的实际情况灵活调整进度。① 有学者在智力障碍学生校本教材开发中指出,特殊学生教材设计应该秉持直观性原则、差异性原则、针对性原则②,使学生能够学会学习、学会生活、学会合作,形成正确的价值观。

五、职业教育校本教材开发的内容和形式

在残疾人高等职业教育数学教材开发的探索中,有学者提出教材内容的选定应该根据学生的身心特点和特殊需求,注重潜能开发和缺陷补偿。在教材开发时注意改变表现形式,贴近学生的认知水平,要体现出知识“必须”和“够用”的特点,不过多强调知识的系统性,但要关注学生的差异性和多样性,考虑学生的接受能力、以分类分层的教材内容和形式满足学生的需求。③ 对自闭症学生而言,他们很难适应环境的变化,而有秩序的环境和可预期的事件会让他们感到舒适与安全,结构化教学正是考虑到自闭症学生能相对较快地理解视觉信息这一优势,帮助自闭症学生更加有效习得知识和技能。④

六、职业教育校本教材开发的评价和审定机制

评价和审定机制是检验教材从开发到实施所有环节有效程度的关键一环,也是不断提高教材编写质量的逻辑起点。有研究者调查发现,现有中职教材开发和使用之间未形成沟通反馈机制,学校缺乏制定本校教材质量评价

---

① 欧阳鑫.特殊教育职业课程美术校本教材的开发与研究[D].桂林:广西师范大学,2016.
② 全桂红,苏晓平,郭天旻.智障学生初级职业教育学校烹饪专业课校本教材开发的实践研究[J].中国特殊教育,2012(11):25-29,35.
③ 钱明.残疾人高等职业教育数学教材开发的探索[J].湖北函授大学学报,2015,28(12):126-127.
④ 尤娜,杨广学.自闭症的结构化交际训练:TEACCH方案的考察[J].中国特殊教育,2008(6):47-51.

标准的能力,导致教材选用缺乏科学合理的标准。[①] 校本教材的评价主体有专家、教师、学生、行业,确保教材从开发到教学再到实际操作都具有较好的科学性和可行性,保证知识的系统性的同时也保证教材与岗位的需求相对接。评价主体除了专家、教师、学生、行业之外,还可以邀请家长对校本教材的使用情况进行评价,家长可以及时反馈学生在家里学习校本教材的情况并提出问题,与学校老师共同商议解决。目前评价体系也较为多元和开放,注重形成性评价和终结性评价相结合,定性评价和定量评价相结合。评价的方法主要有教师、学生反馈意见,咨询专家建议,开展教研活动等方式,保证校本教材的可行性。[②]

第二节 研究目的和方法

一、研究目的

在特殊教育领域,自闭症学生的职业教育起步较晚且针对自闭症学生的职业教育研究较少,尚不成熟。目前国家尚未制定出台关于自闭症学生职业教育的课程方案,关于自闭症学生职业教育教材更是缺少可供借鉴的研究成果和成熟经验,因此,从自闭症学生就业和职业生涯发展角度思考,编写符合自闭症学生认知水平、有助于学生就业的校本教材,能够促进自闭症学生更好地了解自己,正确地认识就业,了解不同的就业渠道,树立正确的就业观、人生观和价值观。

二、研究方法

(一)文献研究法

通过检索中国知网、万方数据库等互联网平台,对涉及自闭症、残疾人职

① 冯志军.我国中等职业教育教材建设现状分析及政策建议——基于江苏省域中等职业教育教材建设的调研分析[J].中国职业技术教育,2019(29):5-10.

② 李义锋.中职学校校本教材开发的策略探析[J].中国职业技术教育,2018(35):94-96.

业教育相关内容进行检索。查阅相关图书资料,对现阶段的研究成果进行收集整理,分析发展成果。

（二）内容分析法

依据校本教材编写的教学目标、内容结构、知识框架、专业课程需求、教材内容组织、课时安排、校本教材实施与评价等要点进行具体分析,为编写出自闭症学生职业教育校本教材提供素材。

第三节 研究结果

一、"三方关注"的内涵

一是关注社会需求,编写社会、企业需要的内容。校本教材开发应该立足学校专业发展,着眼于为当地社会经济服务,所以,校本教材开发应该突出地域性特色,根据当地产业结构情况,依托学校教师资源、教学设备资源和学校文化资源,开发具有学校特点的校本教材,使校本教材能够真正成为对国家教材、地方教材的补充,更加贴近学校教学实际,促进学校专业建设的发展。

二是关注学生需要,编写学生喜欢的、看得懂的、学得会的内容。学生自主参与材料的准备、任务的实施、任务的评价整个过程,能增强学生学习兴趣,调动学生的学习热情,同时激发学生的学习主动性,能在学习操作技能的同时锻炼学生的沟通协作能力,督促学生在日常学习过程中严格按照职业规范操作,使课堂环境更加贴近工作环境,提高学生的综合职业素质。

三是关注教师个人专长,编写教师自己擅长的内容,让教师在自己喜欢、擅长的领域钻深钻透,成为这一方面的专家。首先,在校本教材开发之前,教师需要学习校本课程的课程标准,与课程专家和企业专家沟通交流,学习课程和教材的理论,在这个过程中对课程的目标、性质和在专业中的地位有更清晰的认识。对本门课程的教学目标更加明确,将有助于教师教学活动的开展。其次,在校本教材编写过程中,教师进行收集和编排校本教材内容时需要整理大量的资料,考虑选择合适的教学模式等等。这无形中更新了教师的教育观念,加深了教师对本课程专业知识的掌握程度,提升了教师的整体专业素养,使他们对实现教学目标而涉及的教学内容更加清晰,更加能够在教学过程中做到对知识的融会贯通。最后,校本教材开发完成后,教师需要收集教材使用情况信息,教材也需要进行修改和整理,在不断修改和整理的过程中,教师也能够将自己对专业知识的认知进行不断地修正和提升,同时也能够促进对已有知识体系的更新和对教学的反思。教师综合素质的提高将推动专业建设,对于促进教学改革和提高教学质量具有积极意义,教师在不断学习和反思的过程中锻炼出的综合创新等能力,也是推动教师不断走向卓越的内在动力。

二、现状分析

(一)教材编写原则

一是以人为本的原则。以教师和学生能力发展为本,为学生素质的全面发展提供良好的资源和服务,在满足学生发展需要的同时提升教师水平,促进学生技能掌握是编写校本教材的根本宗旨。要强调学生的学习和工作安全。由于自闭症学生自我保护能力较弱,他们走上工作岗位让人最不放心的就是安全问题,因此课程设置必须考虑实训场所和工作环境是否适应他们的能力水平,比如厨房里的红案对刀、火等要求较高,自闭症学生操作起来存在一定的危险性,就应当避开,所以需要选择以面点制作为主、相对安全的白案。即使如此,在教学中仍然需要强调相关的安全要求,并且尽可能为他们创造安全的工作环境。在教材编写过程中要善于发现并放大学生的优点,在工作过程中让学生的刻板和细致成为工作中优秀的品质。

二是以就业为导向的原则。普通教育更加侧重基础知识的掌握,职业教育与普通教育的区别在于职业的定向性,所以在教材编写时突出职业能力本位,强调教材的实践性,坚持与区域市场经济和社会发展的多元化需求相结合的原则。秦淮特校位于南京市夫子庙附近,浓郁的区域特色和典型的市场需求为学校职业教育课程设置提供了思路,也为自闭症学生将来就业提供了出路。经过市场调查分析,简单餐饮和面点有着较大的需求,因而特校将"秦淮小吃＋特色面点"设置为核心专业课程,一来充分利用区域资源,体现办学特色,二来较好体现了"以服务为宗旨、以就业为导向"的职业教育办学导向。这样教会自闭症学生能够学会的职业技能,他们毕业后可以进酒店就业,也可以自主创业设摊卖早点,甚至最差也能在家进行自我服务。

三是小步子与重点突出原则。强化指令训练,并且指令和教材内容相结合,强化自闭症学生的结构化流程:作为一名工作人员,必须能听懂主管的指令,并能付诸行动,还必须能表达自己的诉求或陈述所发生的事情。试想,如果听不懂别人的指令,到了岗位,就不知道要做什么。对于自己遇到的人或事又不能表达,这样的一个人到了岗位要给企业带来多大的麻烦。

自闭症学生个别差异较大,教师需要根据学生的特点,进行有针对性的补偿教学,促进其全面发展。同时,班主任为了改善他们的特异行为,每次看到他手和胳膊抽搐的时候就要立即提醒,渐渐地使他们的特异行为得到改善。通过老师的帮助、同学的努力、学校的支持,孩子们才会慢慢体会到集体的快乐,社交能力也会提升很多。

(二)教材内容选择

选取的教材内容应该具备基础性和简单易行性,较容易掌握的学习内容对于自闭症学生的学习和自信的建立有所帮助。自闭症学生虽然不能掌握某种面点制作的全部流程,成为大厨,但必须掌握揉面、包饺子、包包子等基本技能,直至熟练操作。这样他们才能参与面点制作的过程,才能在生产环节中占领一席之地,才能有自己的工作岗位。

教材编写过程中渗透良好的职业素养要求与良好的劳动习惯要求,保证自闭症学生顺利就业并且较好地完成工作,保证自闭症学生在企业中"留得下、留得住"。核心职业素养主要有:服从指令有效互动,情绪稳定乐观自信,具有岗位责任意识,愿意吃苦,有卫生安全意识,合作主动,持续学习。秦淮特校的职业教育班倾向于与中西面点相关的课程,有的课程是训练学生的就业技能,如"中式面点""西式面点""秦淮小吃",有的是训练学生的职业素养或素质,如"形体礼仪""入职准备""用餐服务"等。在这里,老师们以学生的特点和就业需求为出发点,帮助学生拥有一技之长,顺利通过职业技能鉴定,增加就业通道。

培养良好的卫生习惯和职业操守,尤其是餐饮行业更需重视卫生方面的要求,督促自闭症学生在完成面点制作后,将工具清洁完毕后擦干净,整齐归置到原来的位置,不要一上课就四处找工具,馅挑丢了,刮刀不见了等等,光找工具就找大半天。曾经有这样一位学生,专业技能很好,沟通能力很强,但去了两个实习酒店都在试用期还没结束就被辞退。和企业管理人员一沟通,原来他几乎每周都能迟到三至四次,又向班主任一了解,原来在学校读书时,该生就是三天打鱼两天晒网,一个星期就来个两到三天。于是,特校让这位学生回到学校又复读了一学期,等他养成了按时上下学的好习惯后再去上岗工作,后来他很快就和企业签订了劳动合同,被对方录用。

尝试学习不同技能,尊重学生选择,如喜欢烹饪的学生有的会做秦淮八绝、鸭血粉丝汤、酒酿元宵、鸡汁回卤干,还有包子、饺子等;有的会做西式的杏仁饼干、蔓越莓曲奇、面包等。有的学生还会编手串等。

(三)注重学生的全面发展,提高生活适应能力

学生若要顺利地从学校学习生活走向工作岗位,就不仅需要学习能力,更加需要强调学生的沟通交往能力、应变能力等。有一次,一个学生忘了带手机、地铁卡和橱柜的钥匙,等到发现时,她已经在地铁站了。爸爸妈妈也无法联系上她,很是着急。可没想到,她能主动求助在自动售票区的工作人员,帮助她购买地铁票。到了单位,一向缺乏语言表达能力的她,竟然自己走到前台,请前台的工作人员帮她找出备用钥匙,打开了自己的橱柜,换上了工作服。随后,她联系了爸爸妈妈,报了平安,这才让爸爸妈妈松了一口气。一场看似简单的经历,对于一个自闭症孩子来说,是一次多么难忘的生活历练!与他人的沟通、语言的表达、处理突发事件应变能力,时时刻刻都在考验着这些孩子!

(四)家校联合,多方参与

自闭症学生从掌握技能到顺利就业,离不开老师、家长、工作单位领导和同事的支持和理解。家长可以更相信孩子一些,相信他们除了能照顾好自己,还能学习一些技能并反过来帮助一下家庭。在教师的建议下,有的孩子的家长也会在家里训练孩子整理家务,学习使用一些家用电器,还会带他们去超市,学着按条目买东西、结账……学得越多,孩子们知道得越多,得到的夸奖更多,就会越来越自信,毕业后,他们还更有可能成功考进学校的职教班。学校对于一些学生不能及时就业的情况也进行了反思:是不是学生从学生到劳动者的转型有困难? 因此学校进行了一对一地跟踪辅导,和家长积极沟通。同时,学校也积极帮助这些学生,班主任老师会写介绍信并和相关企业管理者反复沟通,告诉师傅学生肯吃苦,不怕难,只是容易走神,只要师傅多提醒,他们就能继续工作。

第四节　分析与讨论

通过文献查阅和对已有实践的分析,尝试从校本教材开发流程、目标和定位、师资培训和教师队伍、原则和特色、内容和形式、评价和审定六个方面提出建议,以期为自闭症学生职业教育校本教材的开发提供借鉴。

一、校本教材开发流程

(一)明确理念

校本教材开发是理论问题和实践问题的结合,其开发的目的是指导实践,但是同时也不能脱离科学理念的指导,否则会让校本教材开发流于形式。校本教材开发其根本目标是促进学生顺利就业,核心主线是以学生为本,开发主体是教师,教材应该突出特色性和实用性。坚持"以就业为导向,以能力为本位"的指导思想,紧密结合职业教育实际,并且遵循课程与职业岗位、教材开发紧密连接的原则,培养学生职业能力的同时使学生素质得到全面提高。

（二）学情分析

体现本区域和学校的办学特色,适应本校学生发展是校本教材最基本也是最重要的特点之一。这就要求校本教材在开发过程中对学校内部实际办学情况和学校外部社会就业情况进行详细且深入的分析,明确教材开发的方向和内容。秦淮特校结合当地实际情况,推出"中式面点、西式面点、秦淮小吃"职业教育培养体系,将当地的金陵饭店、爱心单位书香世家酒店及面包房等作为就业去向。

（三）制定方案

应在明确了教材开发理念和进行了全面的分析之后,确定校本教材的开发方案,其中既包括学校层面的整体方案,也包括教师层面具体的开发计划安排、章节内容、考核评价说明等内容。

（四）试用与修改

校本教材开发不可能一蹴而就,是一个持续动态发展的过程。教材开发完成后,应该先小范围的投入使用,并且在使用过程中及时记录需要修改的地方,并就存在争议、有疑问的方面展开讨论,谨慎做出修改和调整。学校应关注社会动向,并且与企业加强联系,使得企业信息及时反馈到学校教学活动中来,使得学生学习和实际工作间差距缩小,提高学生的适应能力。

二、明确校本教材的目标和定位

目标和定位是校本教材开发的方向,也是校本教材编写规范性的表现之一,在教材开发前期,就要明确教材开发的目标,并且紧紧围绕此目标展开对内容的组织、知识的选取。校本教材不是主流教材的二次加工和复制品,其主要特色是内容的本土性和编制主体的基层化,能增强教师的参与感和自主权,也能增强教师的责任感,使他们能较好地把握校本课程的意图。此外,通过教材编制还能提升教师的专业素养。[①]

---

① 袁春平,范蔚.关于校本教材建设的思考[J].教学与管理,2007(12):21-22.

首先,校本教材以更好地体现地方特色和学校办学特色为目标,以实现校本课程、促进学生发展为根本目的,培养的是生产生活中的技能型学生,所以校本教材的定位应围绕学生所需要掌握的知识、技能、素质结构展开;其次,要结合学校实际情况和当地就业需求,体现学校的办学特色,又要考虑学生自身特点和需要;最后,要明白校本教材开发是一个动态的不断完善的过程,是根据社会需要和学校发展不断调整的过程,要结合学校教师及其他教学资源合理开发有效的校本教材。

三、加强师资培训,严格组建教师队伍

与统编教材相比,校本教材有其独特的灵活性和多样性,但是也会受到编写者视野、水平、资源等方面的限制,有一定的局限性,为了保证教材编写的质量,应从根本上规范教材开发师资队伍。校本教材的开发主体是教师,教材开发成功与否的关键也在于教师的专业素质和能力。校内教师具备了一线教学经验,知道怎样把书本知识有效地传授给学生,但是仅仅具备教学经验是不够的,需要将理论知识和实践经验紧密结合,一方面,校本教材的开发对教师提出了更高的要求,教师必须具备一定的现代课程理论知识和信息素养,具备较强的学习意识和学习能力,才能真正编制好、用好校本教材。因此,提高学校和教师课程开发意识和开发能力是校本教材开发的关键,学校要不断加强对教师的课程意识与理论的培训,进行课程教材开发技术的具体指导,进行校本教研;教师对于课程的目标、内容、实施等方面应有更为深刻的认识,也为教材编写提供更深层次的理论支撑,同时提升自身水平。所以应继续引导教师走专业化发展之路,促进校本教材的纵深发展。[①] 另一方面,在教材开发队伍的组建中,明确教材开发队伍组成,如具体包括哪些人员,且对人员的数量、类型、学历层次、科研水平、教学经历等应作出严格要求。对编写人员的规范性和严肃性上有所要求,能进一步提高教材编写的质量和适用性。

---

① 傅敏.聋人高职语文校本教材的开发研究[J].语文建设,2013(3):5-7.

职业教育具有鲜明的职业性特征,其教材尤其是专业课教材的编写人员需要由来自相关学科专业领域的专家、教科研人员、一线教师、行业企业技术人员和能工巧匠共同组成。但是目前教材编写团队在组成上以学校教师为主,虽然在编写过程中会邀请专业人员共同参与,但是由于各种原因的限制专业人员难以深入参与,教材开发的深度有待加强。专业的校本教材开发小组应该具有以下特点:带头人具有较强的领导能力,有丰富的教学经验和组织协调能力;小组成员的资质等经过严格审查,且在知识结构、特长等方面做到相互补充;小组成员要保持内在的一致性,也就是对校本教材开发的愿望及目标保持高度的一致,有做好教材开发的决心,发挥小组的教育合力。

首先,学校领导是任务总负责人,在职业教育校本教材开发中,他们锐利的眼光、敏锐的洞察力、超强的办事能力和高效的办事效率,会使教材开发工作的整体目标、任务分配、人员组织等更加科学有效,也可以使教材开发与学校的长期发展相结合,教材开发和学校教学质量提升双向促进。其次,教师是教材编写的主体。教师是教材的使用者,教材的知识在多大程度上能有效传递给学生也取决于教师,所以教师必须参与到教材编写中,且在编写过程中教师也可以提高对教材的认识,并根据自己的实际教学经验对教学内容做出调整,在理论和实践教学之间搭建合理的桥梁。再次,理论专家是指导者,有丰富的基础知识,有利于提高教材的系统性和科学性,与此同时,一些新理论、新方法的渗透也能促进理论与实践的结合、知识到技能的有效转化。最后,企业是教材的质量审查者和反馈者。学生最终要在实际操作中掌握技能,而检验技能的最好方法和最高标准就是实践。职业教育本身就具有定向性,自闭症学生的职业教育更是如此,是点对点的个别化培养,所以在此过程中,必不可少地要参考企业专家的意见,从就业的角度入手,结合实际工作环境和工作要求,思考在教学过程中还需加入哪些元素,更有利于学生从学校走向社会。

四、职业教育校本教材开发的原则和特色

(一)严肃性原则

校本教材也属于教材开发的一部分,而教材开发本身就是一个庞大而繁复的过程,校本教材的开发,须从人员选定、内容选取、编写审定程序等方面确保其严肃性。[①] 教材的开发与编制也应该遵循社会发展、知识逻辑、心理逻辑、教学逻辑等原理,同时也要遵循适应性、整体性、系统性等多种原则。[②]所以在职业教育校本教材开发过程中,首先应该明确的是教材开发的严肃性,避免教材开发过程中的随意性。所有参与人员首先应该认识到教材开发的严肃性,端正态度;领导者应加强重视程度,尤其是参与编写人员的资格严谨性,严格筛选和审查并进行统一培训,并且从内容选取、编写逻辑等方面保证校本教材开发的质量。

(二)科学性原则

一方面,教材开发与编写应该符合教学理念、符合现代职业教育课程理念、教学规律;教材编写的内容应该循序渐进、由易到难,且教材内容和语言的使用应该统一、规范、科学,图形、图片等要符合国家统一标准,并且做到实事求是、科学规范。另一方面,科学性还体现在遵循学生的学习规律,校本教材开发要考虑到学生该阶段的生理、心理特征,平衡学生的兴趣和发展需求,根据学生特点进行教学,有利于促进学生的心理健康发展。

(三)特色性原则

校本教材的基本定位,是基于学校实际,在教育实践中挖掘、继承并积极创造某一方面的优势,形成特色鲜明、独树一帜、成效显著的办学理念和模式。学校特色就是发挥学校特色优势和结合学生特点,所以校本教材开发应该立足学校专业发展,着眼于为当地社会经济服务。校本教材开发还应该突出地域性特色,根据当地产业结构情况,依托学校教师资源、教学设备资源和

---

① 陈文,金玉梅.校本教材开发的乱象、原因及消解[J].教学与管理,2019(34):76-79.
② 曾天山.教材论[M].南昌:江西教育出版社,1997.

学校文化资源,开发具有学校特点的校本教材,使校本教材能够真正成为国家教材、地方教材的补充,更加贴近学校教学实际,促进学校专业建设的发展。

(四)实践性原则

教材的建设应以指导学生实践与操作为基本出发点,教材内容必须以具体的实践操作为基本内容,在学生的实践技能和能力培养上下功夫,以学生的基本特点和学生的能力培养为侧重点来组织编写教材。在教材内容的选择上,与实际生产生活相对接,优先选择符合实际技术领域和职业岗位要求的知识,并且在教材定位上突出职业性原则,以实际生产过程或生产项目为主线,以职业能力为核心,确保学生学会必备的岗位技能,提升岗位胜任力,除了技能型知识外还要渗透于学生的职业素养教育,培养学生对于职业的完整认知。

(五)能力本位和全面发展相结合原则

职业教育指向就业,校本教材开发的重要原则之一是对学生职业能力的培养,学生在有效的学习任务训练中实现知识和技能的内化和运用,并且在此过程中与教师和同学交流合作,锻炼沟通合作能力、解决问题能力和学习能力等。这在学生职业素养的提高上扮演着重要角色,也有利于学生长期的职业发展。学生并不是一个没有感情的工作机器,所以对于学生的职业能力培养也要渗透职业教育中"教育"的功能。

(六)教材难度设置以"适用""实用"和"够用"为准则

教材是知识的载体,学生在课堂上理解教师的教学,课后也可以自主选择学习的对象。[①] 教材难度设置是否适合于学生的接受程度,将直接影响学生对于知识的掌握。教材的设计符合学生的接受情况,也有利于教学的顺利进行,调动学生学习的积极性。对于自闭症学生来说更是如此,因为其学习能力较差,接受程度低,所以超出学生接受范围的知识不仅不利于学生学习

---

① 郑志江.中职学校数学课程校本教材编写研究[D].武汉:华中师范大学,2011.

还会造成他们的厌学情绪。所以在教材开发过程中,应该紧紧围绕"适用""实用"和"够用",把握分寸,不宜过深,还要有选择性地强调重点,有利于学生更好地掌握专业技能。理论性过强的教材会导致学生的学习积极性大大降低,所以应考虑好理论知识和实践知识的比例,强调理解理论知识,以实践技能为重点,强调实践能力与操作技能、综合实践能力与综合素质的培养。

（七）时效性原则

校本教材开发要动态更新、不断完善。校本教材本身是以就业为导向,也就是与社会需求相对接,社会的岗位设置不断变化,对于人才的需求也在不断变化,所以校本教材开发不是一蹴而就的,需要关注岗位技能需求,不断更新教材内容,结合时代新方法、新理论,并且保证人才培养和市场需求相吻合,使人才培养的指向性更加明确。

五、校本教材的内容和形式

教材内容的选择要能够更好地为课程目标服务,使学生能够做到"入校即入厂,上课即上岗",根据校本课程的课程标准和调研结果进行分析,校本教材编写团队应参考多种资料,咨询企业人员意见,进行校本教材内容的确定。校本教材在内容的处理上,要尽量整合相近相通的知识和技能,以"实际、实用、实践"为原则,更好地培养学生的职业综合素质,完成校本课程的课程目标,突出校本教材特色,更好地为当地的企业服务。

首先,以实际工作需求为指导。学生学习后要成为一名劳动者,所以教材开发内容选择必须考虑岗位要求,使教材内容更加贴近生产实际,学生的能力也更符合岗位要求。并且在工作过程中需要秉承的整理、清洁、安全、节约等理念,在教材开发时就应该融入,使得学生的学习和工作紧密结合,也使学生在学习和实训过程中养成良好的职业习惯,培养良好的职业素养。其次,要充分考虑教师的实际教学经验。在教材编写过程中,将教师在多年教学实践中积累的教学资料及对教学内容的思考和感悟充分融入进来,提高教材的教学效果,也体现编写校本教材教师的专业水平,增强教材的适用性。最后,还要考虑学校已有的资源、设备等,为学生提供实训场所和资源,使校本教材的使用能够切实可行。

　　就教材形式来说,广义上的教材本身就不限于纸质化书籍,《教育大辞典》提出:教材广义上是指课堂上和课外适合学生使用的教学材料,如课本、练习册、活动册、自学手册、教学挂图、教学卡片、教师自制的补充练习等纸质材料,以及录音带、录像带、幻灯片等立体化材料;狭义的教材就是教材,有些地方特指学生用书。由此看来,教材也是一个宏大的概念。在如此广阔背景定义下的校本教材,可以理解为以学校为基地开发的教材。[1] 校本教材开发不限于"课本",自闭症学生思维直观具体,在抽象语言、概念的理解上有困难,以语言为主的讲解法、示范法,对他们的学习来说都会存在一定的困难。一般教材的呈现方式单一而抽象,学生对于每一步骤的操作难以理解,因此教材呈现应该体现直观性原则,利用视觉提示教学,教材开发过程中每一操作步骤均配以相应的操作示范图,直观形象,有利于学生理解和掌握,还可以辅以视频示范、语音提示、关键步骤重复等,提高教学的针对性和有效性。借鉴国外的逐渐融入辅助技术,如虚拟现实、iPad 等[2],可以有效提高教学效率,所以在教材开发时可以辅以音频、视频、图片等,满足学生的需求。与此同时,在利用视频提示技术时要考虑视频片段的最佳时长、任务步骤的数量等,还要考虑学生的个性化需求。[3] 除此之外,职业教育不仅要重视技能的培养和培训,还要重视良好职业素养、社会交往技能等"软技能"的培养,注重减少自闭症学生问题行为发生,提高其自我管控能力,突出职业岗位的硬性要求,如做面食等食品加工类工作,着重强调其良好的卫生习惯,培养良好的职业习惯,这也有利于其在岗位上长期发展下去。

六、做好校本教材的评价与审定

　　校本教材开发是一个长期的过程,不是"一劳永逸"的。校本教材开发完

---

[1]　陈文,金玉梅.校本教材开发的乱象、原因及消解[J].教学与管理,2019(34):76-79.

[2]　王纯纯,陈建军.行为技能训练应用于自闭症谱系障碍者职业技能干预的研究述评[J].中国特殊教育,2021(9):40-46.

[3]　徐添喜,邓灵奇.视频提示技术在自闭症学生职业教育中的应用研究[J].中国特殊教育,2022(1):83-90.

成后,并不代表教材的定稿,它是新一轮修正与调整的开始。要开发人员不断地修正与编写,更重要的一点是教材必须经过老师、学生上课,经过时间的检验,开发人员才能找出问题,不断修改。教材只有真正在教学中发挥作用,才能体现出教材的价值,认识到理论和实践之间的距离。一方面,由本校教师将在实际教学中遇到的问题及时记录并反馈,再由教材编写师资队伍商议讨论并解决;另一方面,职业教育本身就是以社会就业为导向的,且随着科技的进步、时代的变迁,社会需求发生变化,也在一定程度上要求教材能够紧跟时代步伐,及时更新校本教材的内容,如此才会使校本教材在紧跟时代潮流的同时反映时代特色,成为促进学生顺利有效就业的好教材。

第五节　结　论

　　残疾人职业教育是特殊教育系统中的重要环节,国家和政府也日益重视特殊教育。虽然目前特殊教育在巩固九年义务教育基础上向学前和高中阶段延伸,但是特殊学生的职业教育尚处在探索阶段,关于自闭症学生的职业教育更是缺乏可供借鉴的经验。教材开发是对学生进行教育的依据,提出"三方关注"职业教育校本教材的开发,促进学校充分利用本校资源,发挥本校特色、提高教师的研究能力、提高教学质量,有利于学生掌握一技之长,顺利就业、踏入社会。

　　"三方关注"校本教材的开发应该明确流程,并且遵循严肃性、科学性、特色性、实效性、以能力为本位的原则,多方合作,组建专业校本教材开发教师队伍,保证其科学性和可行性。与此同时,随着社会的发展,教材也不再仅限于教科书等纸质教材,传统教材的形式发生变化,从书本到幻灯片、音频、视频等多种形式,在教学中形成专业课程网站,构成支持教学环节的整体教学资源,实现真正意义上的多媒介、多形态、多用途的立体化发展。此外,应认识到校本教材开发不是一蹴而就的,而是一个持续不断发展的过程,关注社会和岗位要求的变化,及时调整教材内容,做到适时调整、动态更新。

第七章 创新支持性就业服务模式的
自闭症职业教育实践

　　我国自闭症者数量的快速增长使得自闭症者的生存、就业问题成为大众关注的社会热点问题。据 2017 年 4 月发布的《中国自闭症教育康复行业发展状况报告》推算,目前自闭症人数大约有 1000 多万,14 岁以上自闭症者或超 800 万。随着媒体对自闭症个体成年后在生活或就业方面的不利处境的报道增多,越来越多关心自闭症群体的政府部门、社会组织、家庭甚至个人对大龄自闭症者就业模式进行了积极的探索。继 2015 年中国残联、国家发展改革委、民政部等八部门共同印发《关于发展残疾人辅助性就业的意见》后,一些专家、学者及社会组织借鉴美国残障人士就业的模式,提出了中国残障人士就业的新模式——支持性就业。一方面,支持性就业是一种更接近市场环境的开放式就业模式,它不同于庇护性就业所推行的"训练—安置"模式,具有"先安置后训练"的特征①,而且有学者通过调查发现,参加支持性就业的自闭症成人的收入是参加庇护性就业的自闭症成人的 5 倍②。另一方面,与传统的庇护性就业模式相比,支持性就业模式能保障自闭症者充分享有平

---

① 朱健刚,严国威.从庇护性就业到支持性就业——对广东省残疾人工作整合型社会企业的多个案研究[J].残疾人研究,2019(1):48-57.

② Cimera R E. Does being in sheltered workshops improve the employment outcomes of supported employees with intellectual disabilities [J]. Journal of Vocational Rehabilitation,2011(5):21-27.

等参与和融入劳动力市场以自由选择或接受工作的权利①,有利于自闭症者融入主流社会。重要的是,支持性就业关注自闭症者的工作意愿、工作兴趣,并培养他们的工作技能、工作态度和社交技巧等,为他们适配岗位,帮助其融入工作环境,提高生活自理能力,实现人生价值,最终成为有益于社会的人。促进残疾人就业既是帮助残疾人增加经济收入、保障基本生活的重要途径,也是残疾人实现全面康复的核心内容。可以预见,支持性就业将成为今后我国残疾人就业新的增长点。虽然目前支持性就业在一些西方发达国家已成为一种主流安置模式,但是在我国仍处于起步阶段,因此要创新自闭症支持性就业服务模式,不得不在探索中前进,了解国外自闭症者的就业概况,总结归纳各国为促进自闭症者的支持性就业采取的相关措施,分析我国在自闭症支持性就业过程中存在的问题,汲取国外经验,以期为创新我国自闭症支持性就业提供启示。

在以"支持性就业"和"残疾人职业教育"为关键词查阅文献后,本书确定从支持性就业的相关社会资源、自闭症的职业技能培训、自闭症就业的社会接纳程度三个层面展开撰写。

第一节 文献综述

作为一种新兴的残障人士就业模式,支持性就业凭借自身接近市场、更为开放等优点,较大地提高了自闭症者的就业率,在残障人士就业模式中脱颖而出。本节主要对支持性就业的相关社会资源、职业技能培训、社会就业的接纳程度三个方面研究进行梳理和归纳。

一、支持性就业的相关社会资源

支持性就业是帮助就业困难的残疾人通过平等就业而实现最大限度地

---

① United Nations. Convention on the rights of persons with disabilities[J]. Journal of Autism and Developmental Disorders,2008(1):203-226.

融入主流社会的过程。毋庸置疑,在这个过程中,需要有足够社会资源的支持。但残疾人自身固有的特殊及社会歧视与偏见等多方面因素的综合影响,使得他们拥有的"先赋性"社会资源存量和"后天性"社会资源增量大多严重不足,导致他们通过平等就业融入社会的过程要比健全人艰难得多。因此,支持性就业所谓的"支持",除了需要政府有关部门的支持,更需要全社会的支持,需要广泛挖掘、动员各种社会资源,不断拓展支持性就业工作路径。也就是说,残疾人支持性就业顺利推进的关键在于相关社会资源的整合。2016年,中国残联、国家发改委等部委联合制定的《残疾人就业促进"十三五"实施方案》指出:"调动各类社会资源,以智力、精神残疾人为主要对象,以扶持其在劳动力市场实现就业为目的,继续在部分省市开展残疾人支持性就业试点。"政府的政策导向预示着,加强各类社会资源的整合将是今后我国推进残疾人支持性就业工作的重心。

在推进支持性就业的过程中,需要大量社会资源的支持。首先是政府。政府具有调动社会资源的强大能力,是这个社会网络结构中最主要的核心节点与"权力中心",组织、指导与管理支持性就业的政府有关部门,包括各级人力资源和社会保障部门、民政部门,以及残疾人联合会及其下属的残疾人就业服务机构、残疾人职业康复机构等,它们在其中应扮演重要角色,发挥关键作用。其次是群体认知资源。这是指残疾人支持性就业利益相关者群体对残疾人及其就业认知方面的资源。在支持性就业推进中,群体认知是一个十分重要的影响因素,决定着利益相关群体对支持性就业的态度,进而直接影响到支持性就业工作的效率乃至成败。因此,群体认知资源是支持性就业推进过程中不可忽视的重要社会资源。再次是社会文化资源。支持性就业的顺利推进,也离不开社会文化资源的有力支撑。支持性就业的思想与理念只有扎根于社会文化的土壤里,才有坚实的社会根基,才更"接地气",也才能真正开花结果。为此,有关部门、机构及个人要增强"文化自觉",通过文化的自我觉醒、自我反思与自我创建,塑造符合时代精神并具有中国特色的新残疾人观,以营造有利于残疾人支持性就业的社会舆论、人文氛围与人际环境。最后是政策制度资源。由于支持性就业对象是就业最困难的残疾人,也是社会资源最匮乏的弱势群体,因此支持性就业的顺利推进,尤其需要依靠政策制度资源提供必要的支持和保障。将支持性就业嵌入政策制度网络,一方面有利于相关组织在一定政策制度框架内获取更多有益的就业信息与资源,提高工作的效率和有效性;另一方面通过政策制度的规范和约束,能确保并体现支持性就业的"合法性"和权威性。因而,在支持性就业推进中,政策制度资源的整合与利用是十分必要的。

社会网络作为残疾人支持性就业社会资源的一种分析框架,具有其内在的逻辑性和可适性。残疾人就业问题是一个社会性问题,因此对其研究必须在社会性"在场"的语境下,从社会学的视角进行审视,将其置于广阔的社会网络背景中去考察,才能深刻揭示问题的本源。^① 基于社会网络理论,在当前我国推进残疾人支持性就业的过程中,必须将支持性就业的思想理念及其相关组织嵌入广阔的社会生态系统中,形成立体、多维、网络化的嵌入格局,才能充分开发与利用有关社会资源,取得社会的广泛支持,以获得更多发展机遇。

社会关系资源是指残疾人支持性就业的组织领导机构通过与社会网络中其他相关组织的持续交往与互动所获取的社会资源。从组织间的关系看,网络关系也是组织获取外部信息和资源的重要机制,能够给组织带来一定的利益优势。由于网络关系资源是社会资本的主体和核心,对组织发展具有极为重要的价值和战略意义,因此这方面资源的挖掘是支持性就业社会资源整合与利用中最具实质性意义的环节。

此外,负责残疾人支持性就业的政府有关部门还要重视信任机制在网络关系建立上的运用。信任机制有利于组织应对所处环境的复杂性与不确定性,增强网络关系的稳定性,减少道德风险和机会主义,从而降低组织的运行成本,提高运行效率。因此,在支持性就业工作中,作为主导方的政府有关部门,要善于运用其公信力的资源优势,通过互动性合作与相关组织建立联系,

---

① 吴忠良,肖非.社会资源整合:推进残疾人支持性就业的关键[J].学术交流,2018(5):118-124.

促进残疾人就业信息与资源的流动,以此为各方之间未来的交往和合作奠定基础。

二、职业技能培训

就业在本质上是一个社会问题;是人服务于他人,并从他人处获得回报的过程。职业技能不仅仅是指掌握和运用专门技术的能力,也包括解决劳动者与劳动对象矛盾的能力。长期以来,无论理论上还是实践中,大多把残疾人培训的主要任务规定为职业技能培训。技能,无疑是决定劳动者素质和能力的最主要因素,但决定劳动者素质的却不仅仅是职业技能。为提高残疾人就业能力而开展的职业培训,应该从劳动者的个体需求和社会需求两个方面出发,做更全面的考虑和更丰富的设计。[①] 这个定义至少表达了三个层次的内容:第一,就业是一种有目的的活动。人们就业不是盲目的,而是有目的的。它不是出于道德诉求,也不是出于兴趣爱好,而是为了获取经济上的回报。即使人们在就业活动中同时获得了道德和兴趣上的满足,也依然不能改变它的根本诉求。没有报酬的行为,无论结果如何,都不应该算作就业范畴。第二,就业是一种有价值的活动。人们要想通过就业获得经济上的回报,前提必须是这种就业行为对社会有贡献、有价值。对没有价值的行为给予回报,不符合经济规律的一般性要求;如果这种情况发生,它一定有经济活动以外的属性(比如慈善),但是这不属于"就业问题"。第三,就业是一种复杂的社会性活动。因为就业的本质是劳动者个体通过自己有价值的劳动,从其他社会成员处获得经济回报。这就决定了就业必定是复杂的社会活动——是劳动者个体与他服务的社会之间的复杂互动。我们一般不把简单的自给自足式生产看作是就业。

仅仅解决技能问题是不足以完全满足就业需要的,要最大限度地提高受训残疾人的就业能力,就必须丰富残疾人职业培训的内涵。除了职业技能培训,更要让受训残疾人有融入社会的主动性,让残疾人能够更多地发现自己

---

① 孙建春,王琳琳.丰富残疾人职业培训内涵[J].中国残疾人,2011(3):42-43.

的社会价值,并且学会处理与就业相关的各种社会关系。这些任务,不会必然地、自动地在技能培训中实现,更多地需要通过我们理论探究和规范指导,从而提升培训工作的发展空间。

残疾人职业技能培训涉及多个方面,具有坚实的理论支撑。既有人权理论的保障,也有人力资源理论的支撑,还有需要层次理论与多元智能理论的基础,这表明了残疾人拥有获得职业技能培训的权利、价值、需求及能力。残疾人职业技能培训是帮助残疾人实现就业、面对挑战、参与社会生活的重要手段。随着国家重视程度的加深,残疾人职业培训取得了较好成绩。2008年底,基本形成了中央、省、市、县四级残疾人就业服务机构网络。① 随着我国经济社会的快速发展,人民群众逐渐富裕,国家逐步富强,党和政府对残疾人的权益保障越来越重视,正在逐步完善残疾人基本公共服务体系。2015年,国务院出台了《关于加快推进残疾人小康进程的意见》;2016年出台了《残疾人职业技能提升计划(2016—2020年)》。在党和政府政策的指导、激励下,越来越多的残疾人表现出强烈的职业技能培训需求,积极参加各类残疾人职业技能培训。残疾人职业技能培训是以残疾人为主体,以不断提升残疾人职业素质和就业创业能力、促进残疾人就业为宗旨的职业教育。残疾人职业技能培训与健全人相比具有明显的特殊性,不仅学习过程受到限制,而且就业的范围也受到限制。进一步扩大残疾人职业技能培训,促进残疾人职业技能培训的发展,不断提升残疾人职业素质和就业创业能力,促进残疾人就业增收,加快推进残疾人小康进程,仅仅依靠各级残联的组织是不够的,需要社区、行业协会、企业、学校等各级各类社会组织的大力支持。②

培养残疾人的社会能力,应包括以下几方面的内容:第一,要帮助受训残疾人树立参与社会生活的积极态度和坚定信心;第二,帮助受训残疾人提高

---

① 中国残联.全国残疾人就业服务机构规范化建设工作会议暨残疾人高层次就业现场会在长沙召开[EB/OL].(2009-06-17)[2022-02-19].http//www.cdpf.org.cn/mrxx/content-30246631.htm.

② 颜景庚,李晓虹.构建残疾人职业技能培训社会支持体系的研究——基于济南市残疾人职业技能培训实践的探索[J].中国成人教育,2018(6):87-91.

发现自身价值的能力,找到实现自身价值的途径;第三,帮助受训残疾人更好地了解和运用社会规则,提高生存能力和效率,降低冲突和成本。总之,丰富和健全残疾人职业技能培训的内涵,提升残疾人参与社会的能力,使残疾人真正融入社会生活,是残疾人培训机构应做的理性思考和深层探索,也是劳动者的个体需求和社会需求矛盾发展的必然要求。

三、社会就业的接纳程度

新中国成立之前,残疾人一直被冠以残废、聋子、瞎子、傻子等一些含有侮辱和歧视的称号,没有展现出对残疾人的尊重。新中国成立后,在国家残联和各地残联的大力呼吁下,才将残废这个满是糟粕的称呼摒弃,改为残疾人。虽然称呼已改,但社会排斥的思想依然存在,因为正常情况而言,社会大众与残疾人的日常接触时间较少,对他们缺乏足够的了解,社会一致认为残疾人不具备工作能力,因此,有些企业在挑选员工时往往将残疾人排除在外,有些企业宁愿缴纳足够雇佣残疾人用工的残保金,也不愿意把残疾人招录到企业中,在很多用人单位的眼中,招录残疾人要承受很大的风险,很多人都认为残疾人在工作中比健全人更容易犯错,在一些需要体力劳动的活动中更容易受伤,从而可能遇到比较棘手的问题。即使现在国家对残疾人工作比较重视,全社会对残疾人的接纳度逐渐提高,部分残疾人能够平等参与社会工作,但是在实际的残疾人就业工作中发现,有些就业岗位确实无法安排残疾人上岗。另外,一些掌握知识技能的高学历残疾人在参加公务员、事业单位编制等岗位考试、面试和体检中仍存在一定困难。[①] 因此,在当前的社会背景下,残疾人就业的社会接纳程度仍处在较低的水平,亟需新的理念来改变这种情况。

---

① 赵天宇.内蒙古残疾人就业存在问题及对策研究[D].呼和浩特:内蒙古师范大学,2020.

第二节　研究目的和方法

一、研究目的

综合分析支持性就业模式下自闭症就业遇到的现实问题,从社会资源、职业技能培训、自闭症就业的社会接纳度三个方面分析当下自闭症就业的困境,并提出可行性方法和对策,为接下来创新自闭症教育实践提供理论方面的思考和借鉴。

二、研究方法

本书主要采用关键词检索的方法搜集相关文献,利用中国知网数据库进行检索,检索的关键词为"支持性就业"和"残疾人职业教育",通过检索,共得到 182 篇文献,其中时间跨度为 2006—2021 年;第二步仔细浏览 126 篇文献,对无意义文献进行剔除处理,剩下 54 篇文献;最后通过对 54 篇文献进行初步阅读,以实证研究为标准,再次进行筛选,最终获得与本书研究高度相关的研究文献 20 篇。

第三节　研究结果

近些年来,相比其他障碍类型来说,自闭症者失业率一直居高不下。究其原因,除了自闭症者本身存在缺陷外,也与促进该群体成功就业所提供的支持多少密切相关。由于残疾人处于社会底层,社会关系格局狭小,远离社会结构的权力中心,能够触及的范围相当有限,再加上社会偏见与歧视等多方面因素的综合影响,致使他们难以获得优质的就业资源和平等的就业机会,在劳动力市场竞争中始终处于极为不利的地位。值得欣慰的是,在当前我国促进公平的社会治理理念下,政府为残疾人提供了越来越强有力的就业援助。支持性就业安置模式的引入就是其中的一项重要举措,它将极大地促进我国残疾人的公平就业与社会融合。虽然由于传统观念与社会惯性的存在,它的实施不可避免会遇到重重阻碍,但我们始终相信,在政府有关部门的主导下,通过整合各类社会资源,汇聚社会各方力量,必将能够排除种种困难与障碍,为残疾人创造更多平等就业的机会,帮助他们实现融合就业。对残疾人支持性就业中社会资源整合问题的分析还只是初步的和探索性的,目前提出的还只是一个宏观的基础性框架,可能缺乏足够的深度和更强的可操作性,但它确实可以为残疾人支持性就业理论研究与实践推进提供一些拓展性的思路。

第四节　分析与讨论

一、支持性就业相关的社会资源整合缺乏

从 20 世纪 90 年代起,国家就开始推行用人单位按比例安排残疾人就业的制度,然而由于就业能力薄弱等原因,残疾人就业的情况并不乐观,自闭症群体进入普通工作环境就业的机会更是渺茫。除普通工作机会外,很多提供庇护性就业的工厂也没有将自闭症群体纳入其中,拒绝或者无力接纳自闭症成人,使得自闭症成人陷入无处可去的窘境。

近年来,从国外引入的支持性就业模式,对推进我国残疾人就业产生了积极影响。2015 年中国残疾人联合会在八部门《关于发展残疾人辅助性就业的意见》中指出,各级残联及残疾人就业服务机构要"加强就业指导员培训,提供支持性就业服务,帮助辅助性就业机构中已具备条件的智力、精神和重度肢体残疾人融入劳动力市场实现就业"。可以预见,支持性就业将成为今后我国残疾人就业新的增长点。但是,国内外在推进残疾人支持性就业过程中取得显著成效的同时,也存在不少问题和困难。比如,在美国存在就业

质量不高、就业机会不足、法律政策冲突、各种资源利用有限等问题①;在我国存在支持面小、就业持续性与稳定性不足、政策扶持力度不够、资金投入匮乏、企业社会责任缺失、社会大众认识偏差等问题。这些问题在不同程度上都具有一定的共性。从其中我们不难发现,政府有关部门、残疾人教育培训机构、行业企业、社区和社会相关机构,以及社会认知、社会舆论、社会文化等方面的资源缺乏整合与开发利用,这是一个较为突出的问题,也是影响支持性就业推进的重要因素。而就业机会不足、就业持续性与稳定性不够、就业成功率与就业质量不高等诸多问题的产生实际上也与此有着明显的连带关系。

支持性就业是帮助残障人士在融合性工作环境中工作,并获得相应薪酬的就业方式。环境的融合性不仅表现为人员的融合性,还体现为环境设施的包容性。无障碍环境的建立,能为残障人士在工作中提供合理便利,从而帮助其更好地融入工作环境。支持性就业在我国具有一定的政策基础,如《中华人民共和国残疾人保障法》《残疾人就业条例》中明确提出:保障残障人士合理就业的权利,禁止歧视残障人士,通过按比例就业保障残障人士有薪就业及同工同酬;为残障人士提供就业中的合理便利;逐渐加大对就业辅导员的培养力度,为残障人士就业提供持续性支持等。但相关政策在具体落实中不断暴露出政策设置矛盾、立法内容缺失、实施机制欠缺、救济途径匮乏等诸多问题,为残障人士支持性就业的实现设置了诸多潜在壁垒,导致残障人士在支持性就业中依然存在就业歧视、挂靠就业、虚假就业、无障碍设施匮乏、就业中的持续支持不到位等问题,而持续支持是支持性就业的核心要素。

与发达国家较为成熟的社会保障体系相比,我国自闭症者的社会保障体系还处于初级阶段,对于自闭症儿童的康复教育与未来职业发展缺乏相应设置,公办自闭症儿童教育机构处于缺位状态。与公办自闭症儿童教育机构的缺位相比,民办自闭症教育机构有效地填补了自闭症儿童教育保障的空白,对目前自闭症儿童的保障与发展发挥了重要作用。但是资金不足、教师专业

---

① 杜林,李伦,雷江华.美国残疾人支持性就业的发展及对我国的启示[J].中国特殊教育,2013(9):14-17.

水平不高等问题,严重制约了自闭症教育机构未来发展及整个自闭症儿童社会保障体系的建立健全。面对这些问题,以政府为主导,建立民间组织及社会公众多位一体的自闭症儿童教育保障体系显得十分急迫,而且随着自闭症儿童群体确诊人数的增加,自闭症儿童家长群体也在不断扩大,了解并解决自闭症儿童家庭、社会有关方面对自闭症儿童的支持也属于就业支持的社会资源。

二、自闭症的职业技能培训缺位

在一项对自闭症者及其家庭的就业调查中,90%以上的自闭症者家庭表示,所在社区并没有针对自闭症者的就业培训,在特教学校的职业培训班里,自闭症学生人数也极少。很多自闭症学生的家长对就业的期待很低,相比就业,家长往往只希望孩子能掌握简单的语言交流技能和基本的生活自理能力。

此外,对于自闭症群体而言,了解一定的职场规则是就业的前提条件。大多数自闭症因为不能准确理解社会规则、习俗、肢体语言等,也较难理解自己和体会他人的感受,导致他们在获得或维持就业方面存在困难,所以在正式就业之前,他们需要学习一些社交技巧,包括如何对他人的工作成就给予赞美、如何对他人的赞美给予反馈、如何不打断他人谈话等。对普通群体来说,这些技能可在日常生活中自然习得,但对于自闭症群体而言,这些技能则需要经过专门的教学,如通过角色扮演、直接指导、视频示范和脚本编写等方式进行,也可以通过网络培训帮助自闭症者建立良好的社交行为。美国一项针对自闭症群体成人的网络培训计划证明了其培训的有效性,培训内容包括心智指导理论、视频示范、视觉支持和模拟现实实践、教授适当的面试技巧等。结果表明,完成培训计划的自闭症者会展现出更好的语言技巧来应对职场中的沟通问题。除此之外,美国政府还通过结构化支持性就业计划帮助自闭症群体就业,该计划关注自闭症的优势领域并进行潜能开发,通过改变工作场所的物理环境和组织结构来满足自闭症群体就业的需要,最大限度地提高自闭症群体的职业技能。与此同时,工作人员会在改造后的环境中通过应用行为分析的干预技术提高自闭症群体成人的社会技能、沟通能力等,如通过图片交换系统能有效提高自闭症群体的职业沟通能力,而社交故事、连环画、剧本脚本等也被证实能有效改变自闭症群体职场沟通问题。

三、自闭症就业的社会接纳程度低

社会大众对残疾人存在偏见,对自闭症就业也存在不同程度的偏见,这是导致他们就业困难的重要原因,这一状况从自闭症学生艰难接受教育的过程中就可预见一二。首先,自闭症康复干预机构较少,机构设置与家长期望有差距;机构分布不均衡,且大多在城市,县城及乡镇非常有限,很多机构经营举步维艰,加上师资力量非常短缺,难以满足自闭症儿童对教育的需求,从业人员主要来自学前教育、师范类其他专业、特殊教育、心理学及社会工作者且学历层次偏低。其次,虽然国家规定普通学校应接纳能够在校学习的自闭症儿童,但大多数学校仍然拒绝儿童入校,即使勉强入校也鲜有针对自闭症儿童的教材,更没有充足的师资来满足其一对一的教学需求。最后,自闭症儿童的社会融合在残疾人社会融合中是难度最大的,自闭症儿童康复训练最终应该回归到家庭与社区的支持中。[①] 在社会融合教育中,家庭参与的确非常重要,但家长普遍认为目前家庭教育中直接可用的资源非常有限,且缺乏相关支持,期望国家关注并且能够提供免费的技能培训,同时也希望研究者能够更关注微观层面,从成功家长的身上及孩子的成长中总结出中国自闭症康复的完整模式。[②]

尽管部分自闭症者的智力水平并无异常,且具备一定的竞争性就业能力,但由于社交、沟通及行为问题等障碍,他们普遍存在就业难、就业不充分、就业稳定性差及失业率高等状况。影响自闭症者支持性就业的另一重要因素是社会文化。当今社会,人们对自闭症群体的认识还不够客观,对他们的

---

① Stichter J P,Randolph J,Gega N,et al. A review of recommended social competency programs for students with autism spectrum disorders[J]. Exceptionality,2007(4): 219-232.

② 熊絮茸,孙玉梅.自闭症儿童融合教育现状调查、困境分析及家庭参与的探索[J].内蒙古师范大学学报(教育科学版),2014,27(4):54-58.

社会歧视还普遍存在,单位因为歧视不接受自闭症者就业,已经就业的自闭症者因为同事歧视而失业率很高、稳定性很差,支持性的社会环境难以形成。在分析中也发现,家庭不愿自闭症者就业的一个重要原因是"担心受到不公平待遇"。

第五节　结　论

一、创新自闭症支持性就业的增能模式

社会工作者通过运用充权(empowerment)技巧,确保自闭症者的基本需求得到满足,使他们获得更大的生活空间、能力和自信心,并进一步获得更多的生存能力。首先,增强个人功能。社会工作者的首要任务是尊重自闭症者个人的独立性,为他们提供健康的及人性化发展的环境,促使他们有充分发展的条件和就业机遇,协助他们解决内在和外在的障碍和问题。其次,增强家庭功能。社会工作者将自闭症者所在的家庭视为一个子系统,从资源整合的角度为其家庭提供服务,增强其家庭的社会功能,助推自闭症者康复和发展。最后,增加公平就业机会。现代意义上的公平正义,首先表现在人的生存权、就业权、受教育权和社会保障权等基本权利方面。① 造成自闭症者生存遭遇诸多困难的重要原因是社会给予他们的机会不公平,而机会不公平又往往导致结果的不公平。为此,社会工作者应该积极为自闭症者营造公平发展的机会和环境。

二、创新自闭症支持性就业的政策体系

基于我国现有残疾人政策结构的视角,建议政府与社会从资金供给支持政策、需求支持政策和匹配支持政策三个方面对残疾人事业的发展给予政策

---

① 谢建社,彭焕城.生态系统视野下的残疾人支持性就业探析——以广州 S 街道为例[J].残疾人研究,2017(1):61-67.

支持,建构自闭症者服务新机制,即自闭症者社会工作支持体系、自闭症者社会政策支持体系、自闭症者社会发展支持体系,在职高自闭症学生职业教育过程中,学校注重学生的个别化教育,包括个别化指导和结构化训练。依据自闭症学生的特点设置个别化操作目标,在自闭症学生职业教育过程中,学校从他们的障碍特点出发,注重自闭症学生的程序化学习和视觉学习,充分利用自闭症学生的视觉优势学习职业技能,通过动手能力的提升进一步增强其自信和适应能力,提升自闭症学生融入社会的能力。自闭症学生个别化职业教育不拘泥于现有的环境和要求,在考虑自闭症学生特殊性的基础上,尊重学生的个体发展。学校通过生态化的评估和支持,促进自闭症学生在自然而然中融合、学习和就业,提供可能的社会化支持,开展系统而连贯的教育活动,使自闭症学生在社会互动中健全人格,逐步适应社会、融入社会。

三、"私人定制"就业模式

所谓"私人定制",即根据不同服务对象,选择不同的服务内容。自闭症者集中就业,"校企合作"是帮助自闭症者就业的一种崭新探索,同时也是政府和企业服务群众的一个有效载体。借助当地企业的行业资源和优势特点,充分发挥学校的办学资源,帮助自闭症者掌握一技之长,在真正意义上促成资源互用、利益共享、共同发展的深度合作机制。举例来说,H市教育康复学校及H市特殊教育实验学校与当地十几家企业签约,联合采取校企合作模式,进行定向输送,帮助自闭症者就业。签约后,十几家企业正式成为校企合作单位,并向两所学校的自闭症学生提供进企业参观、学习及实践的机会,双方共同开展人才培养计划。学生从学校毕业之后,当地企业开展定向输送计划,保障自闭症者得以进入企业工作,获得基本的生活保障。校企合作定向输送残疾人集中就业的合作模式在发展过程中已经取得一定的效果,并受到学校及学生的青睐。这种全新的合作模式增加了当地企业与有就业倾向自闭症学生之间的交流和合作,相互促进,共同发展。借助这一合作模式不仅能够帮助本地的自闭症学生解决就业难的问题,还能帮助企业吸纳优秀的工作人员,一举两得。

第八章　自闭症学生职业教育创新模式的问题与对策

本章基于前几章自闭症职业教育创新模式构建、"双业一体"课程模式建构、"三方关注"校本教材、创新支持性就业模式等研究,从自闭症学生获得适应性发展、为高素质特教教师群体形成提供有力支撑、建立一个中心机构、扩大学校特殊教育办学影响力等方面,整合归纳近年来自闭症学生职业教育创新模式取得的成绩,同时指出目前存在自闭症学生个体差异大、就业需求复杂、社会资源整合困难等问题,从自闭症学生职业素养的优势与不足、社会对自闭症的关注度和整个社会背景的支撑度不足等方面分析其影响因素,并提出完善自闭症学生职业教育创新模式的对策建议。

第一节　取得的成绩

在党的二十大报告中,习近平总书记提出,"完善残疾人社会保障制度和关爱服务体系,促进残疾人事业全面发展"①。这充分体现了以习近平同志为核心的党中央对残疾人事业的高度重视、对广大残疾人的亲切关怀。自闭症学生的服务、支持和照护是一场接力的马拉松,需要家长、老师、康复师、社

---

① 习近平:高举中国特色社会主义伟大旗帜 为全面建设社会主义现代化国家而团结奋斗——在中国共产党第二十次全国代表大会上的报告[EB/OL]. (2022-10-25)[2022-11-15]. https://www.gov.cn/xinwen/2022-10-25/content_5721685.htm.

会工作者、社区人员、就业安置工作等很多人的付出与坚守,需要有社会力量共同携手,为特殊教育需要学生职业教育提供更多渠道,多维度促进自闭症学生职业教育创新模式的发展。

为深入贯彻落实国家"十四五"特殊教育发展提升行动计划,推动特殊教育与职业教育融合,形成区域联动的常态化机制,2012 年,由秦淮区教育局发文,秦淮特校与区域内普通职业学校联合办学,正式开办大龄特殊教育需要学生职业教育,开创了特殊教育与普通职业教育融通的新路径。十年探索,特校课题组充分发扬"钉钉子精神",持续聚焦自闭症学生职业教育的发展与创新,以问题解决为导向,历经教育理念转变、课程结构重组和关键能力培养等系列举措,开展了卓有成效的探索,取得了较为显著的实际效果。

一、自闭症学生获得适性发展

自闭症是一种神经发育障碍,会对个体的社交互动、沟通能力和行为表现产生显著影响。每个自闭症学生都有自己的潜力和特长领域。通过鼓励和培养他们的特长,可以帮助他们发现自己的优势、充分利用个人才能,并在这些领域取得成功。这种积极的经历将增强学生的自信心和自我意识,为他们的发展打下坚实基础。通过早期干预、个别化教育和积极的社会支持,自闭症学生可以获得长足发展,实现他们的潜力,促进他们整体成长。

实践证明,职业教育促进了自闭症学生社会功能的改善、社会适应能力的提升,帮助了一大批学生实现个性发展:他们开办个人画展、参加音乐表演、参与社会劳动、实现自主创业等。其中,2 名自闭症毕业生在知名星级酒店开创个人美食品牌,成为单位的明星员工。更多的自闭症孩子在身心康复及文化基础知识、生活技能和生存能力等方面获得显著提升,他们以多样化的方式实现了个人价值。原来被称为"社会的包袱、家庭的负担"的这群自闭症孩子,通过职业教育学习,不但成为小康社会的共享者,更成为建设者、参与者,过上了有尊严的生活。

二、为高素质特教教师群体的形成提供了有力支撑

办好公平而有质量的特殊教育,是促进我国教育高质量发展的必然要

求,更是保障残疾人受教育权利、推进教育公平的重要体现。而实现这一目标,离不开高素质的特殊教育教师队伍。学校一大批教师在艰辛的探索中实现专业提升,特别是青年教师成长迅速。目前,秦淮特校区级以上学科带头人、优秀青年教师等骨干教师比例高达 60% 以上;参与教育部、中国残联组织的各级各类研究展示课百余节,多人受邀送教广西、安徽等地;2 名教师全程参与教育部培智课程标准研制、修订;成果主持人及 2 名成果持有者参与编写国家培智语文教科书和教师教学用书;4 名教师受聘承担南京特殊教育师范学院专业课程授课教师;2 个教研组获市级先进教研组,学校被评为首批省级教师发展示范基地校。

教师之间通过教学成果示范和教研合作开展教学活动,共同解决问题,并分享自己的成功经验和教学策略。这种合作和经验分享能够促进教师之间的互相学习和成长,推动高素质特殊教育教师群体的形成。自闭症学生职业教育创新模式强调研究与实践的结合。教师们被鼓励从实践中总结经验,进行反思并参与相关研究项目。这种研究与实践的结合有助于提高教师的专业水平,为自闭症学生的职业教育提供更优质的教学方案和支持。自闭症学生的职业教育需要特殊的知识和技能,因此特殊教育教师在这方面需要不断更新自己的专业知识。职业教育创新模式提供了新的教学方法和工具,使教师能够更好地满足自闭症学生的学习需求。通过应用创新的教育模式和资源,教师们能够提供更多样化、个性化的职业教育,促进自闭症学生的发展。

三、建立一个中心机构

中心机构可以作为一个资源中心,汇集各种特殊教育相关的资源,包括教材、教学工具、评估工具、培训资料等。通过集中资源,特殊教育学校和教师能够更容易地获得所需的支持和资源,以提高教育质量。

基于学校在自闭症教育研究方面的 20 年积淀,南京市教育局经过深入调研,精心筹备,在秦淮特校成立了全省唯一的一个市级自闭症儿童教育研究与指导中心(简称中心)。中心充分发挥研究、培训、指导和服务功能,推动南京市区域自闭症儿童教育工作更加科学、系统而规范地开展。同时,吸纳更多医学、自闭症教育、康复等专家学者和社会各方参与,从学术指导、专业服务、资金投入、环境建设、政策制定等方面提供更有力的支持保障,也为南京市700余名在校自闭症儿童实现更高质量的社会融合创设了新的运行机制。

中心可以提供专业培训和继续教育课程,提升特殊教育教师和相关专业人员的知识和技能。这些培训课程可以涵盖特殊教育的最佳实践、教学策略、行为管理、评估方法等,以保证教师具备必要的专业背景和能力来满足特殊需求学生的教育需求,促进特殊教育领域的研究和创新。通过支持和鼓励研究项目,中心可以推动特殊教育相关的学术和实践知识的不断积累和更新。这将有助于改进教学方法、提高教育质量,并推动整个特殊教育领域的发展。

四、扩大了学校特殊教育办学影响力

秦淮特校被授予"省级残疾人职业培训示范点",多次受邀在国内外高规格学术会议上分享交流自闭症学生职业教育成果经验。英国、美国、澳大利亚、瑞士等国特教专家同仁,全国34个省区市千余所学校和15个融合教育代表团来校考察、学习,推动成果在更广范围内落地生根,助推国内多所特殊教育学校实现办学新突破。

在荣誉和成绩面前,我们深刻地认识到,一线教师理论研究和成果提炼仍有不足,在实践探索上还要深入推进。一路走来,哭过笑过,有苦有乐,一个个鲜活的生命是督促我们披荆斩棘、不断前行的动力。

随着特殊教育学校的办学影响力的扩大,学校可以投入更多的资源、培训更多的专业教师和提供更全面的支持服务,为特殊需求学生提供了更广泛的教育机会,帮助他们融入社会、发展自己的潜力。当特殊教育变得更加普遍时,社会更容易接受并理解有特殊需求的学生,从而减少偏见和歧视。这将带来更加包容的社会氛围,让所有学生都能够在一个尊重多样性的环境中学习和成长。同时,更多的学校、教育专家和研究人员将参与到该领域中来,

这将促进知识的共享与合作，推动特殊教育教学的创新和发展。通过共同努力，可以不断改进教育方法、开发有效的教学策略，并共同解决特殊需求学生面临的挑战。其他学校将受益于这些学校的经验和成功案例，从而提高他们自己的特殊教育水平。这种正向的示范效应将促进整个特殊教育领域的发展和进步。

第二节　存在的问题

自闭症自发现以来，其疾病特征复杂、难以治愈，为开展相关研究带来不少困难。在我国，对自闭症学生职业教育的研究起步晚，而且相关研究也相对缺乏，存在经验不足等问题。概括来说，本书最突出的研究难点包括自闭症学生个体差异大、就业需求复杂和社会资源整合困难。

一、自闭症学生个体差异较大，就业需求复杂

自闭症是一种神经发展障碍，影响了个体在社交互动、沟通能力和行为模式等方面的发展。由于自闭症具有广泛性和多样性，不同程度的自闭症学生个体差异极大，这也导致了其就业需求的复杂性。首先，自闭症学生的沟通和社交困难使得他们在工作环境中面临挑战。有些自闭症学生可能完全缺乏语言表达能力，而其他人则可能有良好的语言技能但在理解他人情感和非文字化的交流上存在困难。因此，雇主需要提供适当的支持和培训，以帮助自闭症学生克服这些困难，并与同事和客户进行有效的沟通。其次，自闭症学生常常对变化和不确定性产生压力和焦虑。他们通常倾向于规律和结构化的环境，对于工作任务的突然变化或紧迫性要求可能会感到困惑和不安。因此，为自闭症学生提供稳定、可预测和结构化的工作环境是至关重要的，能确保他们在工作中表现出最佳水平。此外，自闭症学生往往展示出特殊的兴趣和技能。虽然这些兴趣可能与传统职业路径不完全吻合，但它们可以被视为潜在的就业机会。例如，一些自闭症学生在数字、科学、计算机编程

或艺术等领域表现出特别的天赋。雇主可以通过创造性地将自闭症学生的特长与工作需求结合起来,为他们提供适应性更强的工作机会。

除了以上因素,认可多样性、提供适当的支持和培训、推动包容性招聘和教育政策也是帮助自闭症学生成功就业的关键。理解和尊重自闭症学生的个体差异,进行灵活的工作安排和创设适应性的工作环境也非常重要。总而言之,由于不同程度的自闭症学生个体差异大,他们的就业需求具有复杂性。为了增加他们的就业机会和成功率,我们需要采取综合性的措施,包括提供适当的支持和培训、创造适应性更强的工作机会,并推动包容性就业政策和文化的发展。

二、由于社会大众对自闭症学生的认识不足,家庭、社会和用人单位资源整合共享困难

秦淮特校第一届职业教育毕业生小君(化名)是一名典型的自闭症学生,通过三年的职业教育学习,她掌握了扎实的面点制作技能,经过她手做出来的面点不仅样式好看,品质也是精益求精。走上工作岗位后,她做事认真负责、不偷懒的工作品质也得到了单位的一致好评。

有人说:"残疾人是最大的少数群体,但残障人士却很少出现在大众视野中。"残障人士生活中的诸多不便,很多时候不是因为残障本身导致,而是因为当下的无障碍设施不够完善,以及人们的偏见与不理解。

十年职业教育探索使我们深刻地认识到:自闭症孩子要在岗位上干得好、留得长,需要社会各方给予更多的关注,不仅要在知识技能上培养,也要在社会心理方面帮助他们获得全面发展。总的来说,当前自闭症学生职业教育存在的问题主要有以下几个方面。

(一)生源结构变化大

随着融合教育的深入推进,培智学校生源的障碍程度和类型呈现多重性、复杂化的特点,给学校教育教学的开展和班级管理带来了巨大的压力。一方面是日益增多的特殊教育需要学生,另一方面是日益饱和的残障人群就业资源,迫切需要学校积极探索职业教育办学新模式,汇聚更多社会资源,让

特殊教育需要学生的就业安置渠道更具选择性。

自闭症学生职业教育存在生源结构变化大的问题。这一问题主要涉及自闭症学生的个体差异和特殊需求,这些差异可以包括认知、沟通、社交技能、行为模式等方面的差异。首先,自闭症学生的认知和学习能力存在广泛的变化。有些学生可能在某些领域表现出强项,例如数学、科学或艺术,而在其他领域可能存在困难。这就需要教育机构提供个性化的教育计划,以满足不同学生的学习需求,并充分发挥他们的潜力。其次,自闭症学生在社交互动和沟通方面也存在差异。有些学生可能具有较高的语言表达能力,但在理解他人情感和非语言交流方面存在困难;另一些学生可能几乎没有语言表达能力。因此,在职业教育中,需要提供适当的支持和培训,帮助他们发展社交技能和有效沟通的能力,以适应工作环境。此外,自闭症学生在行为模式方面也存在差异。有些学生可能表现出刻板重复的行为模式,对变化和不确定性更加敏感。这可能对职业教育中的实践活动和工作任务的灵活性提出挑战。因此,为了解决这一问题,教育机构可以提供结构化的学习环境,并逐步引入适应性更强的实践活动,以帮助自闭症学生适应工作环境中的变化。

针对自闭症学生职业教育生源结构变化大的问题,可以提供个性化教育计划、多样化的教学方法、社交技能和沟通培训、实践机会、持续支持和辅导,确保学生在职业教育过程中得到全方位的支持。为了更好地应对自闭症学生职业教育中存在的生源结构变化大的问题,学校可以提供个性化的支持和教育机会,帮助他们充分发展自己的潜力,并为他们实现职业成功打下坚实基础。

(二)专业师资力量不足

当前,党和政府对特殊教育的发展越来越重视,培智学校肩负"办好特殊教育"的使命,特殊教育教师必须加快专业提升速度,尽快实现专业转型,满足日益增多的特殊教育需要学生(特别是自闭症学生)多样化的发展需求,缓解有特殊教育需要的学生教育难的社会矛盾。就自闭症学生职业教育来说,全面提高学校职业教育教师专业素养,为自闭症学生提供高质量的职业教育,也是特殊教育学校发展中不容忽视的问题。

自闭症是一种特殊的发展障碍,需要专门的知识和技能来教育和支持自闭症学生,许多学校缺乏针对自闭症职业教育的专业培训计划。由于自闭症学生的相对少见性和特殊性,许多教师可能缺乏与他们互动和开展工作的机会。自闭症教育领域的知识和实践不断更新,许多教师缺乏获得最新研究成果和最佳实践的机会。为了解决自闭症职业教育专业师资力量不足的问题,需要加强专业培训、提供实践经验和专业发展支持,促进跨学科合作与资源共享。此外,建立更多的机构或项目,专门招募和培养自闭症职业教育的专业师资也是非常重要的。通过这些努力,可以吸引和培养更多高素质的自闭症职业教育专业师资,提高自闭症学生在职业教育中的教育质量和支持水平。

(三)职业教育办学理念、课程内容定位不明确

相关研究表明:自闭症儿童的职业训练要提前 15 年进行,不是三年、五年就能得到短期效应的。同时,职业教育绝不仅仅是就业教育,对自闭症学校开展职业教育的根本目的在于帮助其实现生活自理、获得社会自立的能力,要以发展自闭症学生的基本社会生活能力为总培养目标。同时,目前我国培智学校职业教育的课程内容仍以准备式教育为主,创新职业教育课程内容迫在眉睫。

第一,缺乏一致的办学理念。自闭症职业教育中缺乏明确的办学理念可能导致教育目标模糊、教育方法不一致等问题。为了解决这个问题,职业教育机构应该明确制定并传达办学理念,明确教育的核心目标,以便为教育活动提供指导。第二,课程内容定位不清晰。自闭症学生有着独特的需求和特点,因此需要特殊设计的职业教育课程。然而,由于缺乏统一的课程定位,教师在课程开发和实施时可能存在困惑。为了解决这个问题,需要明确定位自闭症职业教育的课程内容,确保其与学生的需求和长期发展目标相一致。第三,缺乏可实际应用的教学方法。自闭症学生在职业教育中需要实际应用所学知识和技能。然而,由于缺乏明确的教学方法,教师可能难以提供足够的

实践机会来帮助学生将所学应用于实际情境中。为了解决这个问题,可以采用实践导向的教学方法,如实习、模拟情景训练和项目实践等,帮助学生培养实际工作所需的技能和经验。第四,缺乏行业对接和就业支持。自闭症职业教育应该与相关行业进行密切对接,以了解行业要求和最佳实践途径,并提供学生就业所需的技能和知识。然而,由于定位不明确,教育机构可能缺乏行业合作伙伴,从而无法提供有效的就业支持。为了解决这个问题,需要建立与行业合作伙伴的联系,提供实际的就业指导和支持,以确保教育与就业之间的衔接。

第三节　原因分析

一、职业素养的内涵

素养是指一个人的修养,从广义上讲,包括道德品质、外表形象、知识水平与能力等各个方面。在知识经济的今天,人的素养的含义大为扩展,它包括思想政治素养、文化素养、业务素养、身心素养等各个方面。

职业素养是人类在社会活动中需要遵守的行为规范,是指职业内在的规范和要求,是在职业过程中表现出来的综合品质,包括职业道德、职业技能、职业行为、职业作风、职业意识等方面。职业道德是指在职业活动中遵守的道德规范和价值观。这包括诚信、责任、公正、尊重他人、保护客户利益、保守商业机密等。遵循职业道德可以建立良好的职业声誉,增强信任关系,并为个人和组织的可持续发展打下基础。职业素养还包括具备必要的职业技能和知识。这是通过教育、培训和实践获得的专门技术和能力,使个体能够胜任自己所从事的工作,并不断提高自己的专业水平。职业素养也涉及适当的职业行为和态度。这包括与同事、上级和客户建立良好的工作关系,遵守组织的规则和流程,以及展现积极主动的工作态度。职业作风是指在职业活动中所表现出来的工作方式和风格。这包括高效率、专注、细致入微、团队合作等。良好的职业作风可以提高工作效率和质量,并为个人的职业发展打下基础。职业意识是指对自身职业角色和责任的认知和理解。它涉及对行业趋势和变化的敏感性,对自己职业生涯的规划和发展目标的明确性,以及对个人在组织中的价值和影响力的认识。

职业素养是职场成功的关键因素之一。它不仅对个体而且对整个社会和组织都有重要影响。通过遵守职业道德、发展职业技能、展现正确的职业行为和态度、建立良好的职业作风和强调职业意识,个人能够提高自身的职业水平,推动组织和社会的发展。同时,职业素养也有助于建立职业道德观念、传播职业价值观,形成社会和组织的良好文化氛围。

二、自闭症学生职业素养的优势与不足

从职业素养的角度来说,自闭症学生有着独特的优势。他们中大部分人具有诚信可靠、缺勤率低、秩序感高、记忆力强、专注执着、图示辨别能力非凡、关注细节等优点。还有些人具备超越常人的能力,如对常规的坚持、对事实的记忆、对逻辑规则的识别等。自闭症学生通常具有较强的专注力和细致性,这使得他们在某些领域的任务执行上表现出色。他们可能更善于将注意力集中在特定的任务上,并对细节有更高的关注度。自闭症学生常常具有坚持和耐心的品质,能够长时间投入并持续完成任务。这种特点在需要长期学习和技能培养的职业中往往是一个优势。他们往往遵守规则、尊重他人的权益,并坚持诚实的原则。这在职场中建立良好的职业道德和可靠性方面是一个优势。

然而,自闭症群体在执行功能、感知觉加工等方面也有着明显的弱势,他们普遍存在社会沟通和社会交往障碍,容易受到情绪和问题行为的影响。正所谓"职场如战场",在变化莫测的职场上,这也成了他们职业成长路上最大的障碍。自闭症学生面临社交和沟通的困难,可能难以有效地与他人交流和建立合作关系。这会在职场中造成一些挑战,如团队合作、客户服务和领导沟通等方面。自闭症群体可能面临适应变化和灵活性的挑战,因为职场常常需要人们快速调整和适应新的工作环境、任务要求和工作流程。自闭症学生

常常存在社会认知和情绪控制的困难,可能难以理解和应对他人的情感表达和社交互动。这可能影响到他们与同事、上级和客户关系的建立和维持。

自闭症学生尽管在某些方面具备优势,但也有不足之处。为了更好地发展自闭症学生的职业素养,教育机构和职业培训机构可以提供个性化的教学和支持,帮助他们克服困难,并发展他们在职场中所需的技能和能力。此外,社会和职业界也需要更加宽容和包容,创造一个包容性的工作环境,为自闭症学生提供平等的就业机会和职业发展空间。

三、社会对自闭症的关注度和整个社会背景的支撑度不足

自闭症群体的教育训练是世界范围内公认的难点、痛点问题,它不仅仅是教育领域的问题,也不单单是一个简单的民生问题,而是一个社会问题和矛盾突出的集中体现。当前公众对自闭症群体有一定了解,但仍停留在较浅显的层次,很少看到该群体的个性化支持需求和发展的可能性。自闭症孩子长大后何去何从、如何就业或回归社会的问题,从政府主管部门到学生家长、从专科医生到康复机构均较少涉及,或相关建议和工作多流于形式,适合自闭症学生社会融合的外部生态环境建设尚有不足,相关支持体系仍不够完善。

尽管近年来对自闭症的关注度有所提高,但与其他一些常见疾病或障碍相比,社会关注度仍然缺乏。这可能导致公众对自闭症理解不足、产生误解和偏见,以及对自闭症儿童和成人的支持和资源的匮乏。自闭症学生需要在一个全面支持的社会背景下发展。然而,许多社会环境和制度并没有充分考虑到自闭症学生的特殊需求。这可能表现为缺乏适当的教育资源和支持服务、缺乏无障碍的就业机会和培训计划,以及缺乏社会融合和包容。

第四节　对策建议

一、创新范式,以循证实践为基础和导向

创新范式以循证实践为基础和导向,是一种重要的方法论,它强调通过

研究和实证结果来指导和支持创新活动;通过基于证据的决策,推动创新、提高决策质量、改进实践效果和促进知识共享。循证实践为创新提供了坚实的基础和框架。在各个领域中,应引入循证实践的思维和方法,推动更加有效和可持续的创新。

从对我国已有的自闭症研究文献分析来看,虽然关于自闭症的研究文献在不断增多,但涉及自闭症实证干预的研究文献并不多见。已有的干预研究大多是个案研究,并未有组间设计,采用单一受试研究设计的也很少;干预研究中大多也是笼统的研究,并未深入对某一疗法的效果进行持续系统的研究。从这个层面上来讲,我国大多数的自闭症研究,无论是研究设计,还是研究的纵深程度都还达不到循证实践的要求,也难以判断其干预在多大程度上有效。近些年来,循证的理念在我国的医学领域得到很大发展。而循证实践在我国的特殊教育领域,包括自闭症的教育训练领域仍然处于边缘地带甚至是空白。因此,开展基于循证实践的自闭症研究,能够最大限度地发挥个体潜能,减少阻碍个体适应和发展的障碍,优化人与环境的契合度。

二、关注个性,坚持过程导向的评估和教学

关注个性,坚持过程导向的教学和评估是一种重要的教育理念和实践方法。它强调尊重和关注每个学生的差异,注重学习过程和个体发展,通过个性化评估和教学来满足学生的需求和促进其终身学习。这种方法有助于提高学生的学习效果、激发他们的学习动力,并培养他们的自主学习能力和激发终身学习的态度。

在开展自闭症教育研究的过程中,需要时刻谨记的一点便是,虽然这类群体会有一些共性,但是没有任何两个自闭症学生是相同的,针对这类人群的困境也没有快速解决的办法或是放之四海而皆准的方法。该类研究对象障碍类型和程度的不同,也会深刻影响他们的学习及处理信息的方式。因此在选择干预方法时还应考虑到对象的适用性,要根据儿童的发展水平及能力水平进行弹性选择。除此之外,还应考虑到自闭症学生自身能力发展的动态性,随着他们能力水平的提高,相应的干预方法也需要改变。所以,作为教

师,既要关注国内外最新研究动态,了解各种干预方法的适用对象、适用年龄、适用程度,也要根据每个自闭症儿童的个别差异及生涯发展进行系统规划和弹性选择,采用过程导向的方法实施教学,确保实现教学目标。

每个学生都是独特的个体,具有不同的兴趣、能力、学习风格和发展进度。关注个性意味着尊重和重视每个学生的差异,了解他们的需求和优势,并根据个体特点提供个性化的评估和教学。过程导向的评估和教学关注学生的学习过程,而不仅仅关注结果。它强调对学生的学习策略、问题解决能力、自我反思和学习动机的理解和支持。通过了解学生在学习过程中的困惑、挑战和进步,教师可以更好地指导和支持他们的学习。过程导向的评估注重个体的发展轨迹和个人进步,而非简单地与其他学生进行比较或取得高分。它通过多样化的评估工具和方法,如观察、作品集、反馈和交互等,收集全面的信息,并将评估结果用于指导教学和学生的个性化发展。过程导向的教学强调根据学生的需求和兴趣,灵活地调整教学策略和内容。这意味着提供不同的学习选择、提供更多的实践机会、鼓励自主学习和合作学习等,以满足个体学生的学习风格和需求。关注个性和过程导向的评估与教学有助于培养学生的自主学习能力并激发他们终身学习的动力。通过理解和支持每个学生的独特需求和学习进程,他们可以积极参与学习,并建立起持续学习的习惯和态度。

三、立足素养,聚焦自闭症学生关键能力培养

目前,我国自闭症教育在实践上缺乏将宏观的特殊教育理念和目标进行细化,借助本书课题研究实践,笔者努力将之系统化和结构化,并提出相应的诠释。

近几年,秦淮特校参与了教育部委托课题"面向义务教育阶段自闭症学生教育指南编制研究"和全国教育科学规划课题"自闭症学生关键能力的构成及义务教育阶段培养目标研究",极大丰富了学校教师团队对自闭症教育前沿理论的知识储备。在专家引领下,我们不断探索、总结、反思。同时,基于学校数十名成功融入社会的自闭症学生的经验分析,结合自闭症儿童的学

习特征,参照世界经济合作与发展组织关于"能力"分类所涉及的三个领域——管理自我(管理健康、创造生活计划、动机和学习发展等)、与他人建立联系(交换信息、考虑他人的观点和感受、考虑不同的社会情境等)及使用工具(文字、符号、文本、知识等),提炼并聚焦六项关键能力的培养,包括:指令回应、意愿决定、人际沟通、规范适应、倾向改变和技能掌握。其中,指令回应是培养自闭症学生对指令的理解和执行能力。这包括学习如何准确地理解和遵守指示、注意力和集中力的管理,以及培养良好的工作习惯和时间管理技巧。意愿决定帮助自闭症学生发展自主决策和目标设定的能力。这涉及培养他们的自我认知和自我评价能力,了解自己的兴趣和优势,并为个人发展设定明确的目标。人际沟通可以促进自闭症学生的人际交往和沟通能力的发展。这包括学习如何有效地表达自己的想法和感受,倾听和理解他人的观点和感受,以及在社交互动中适应不同的情境和社交规则。规范适应是培养自闭症学生适应社会规范和行为期望的能力。这涉及学习如何遵守规则、理解和尊重他人的权利,以及在不同环境中展示适当的行为和礼仪。倾向改变是指帮助自闭症学生适应变化和具有灵活性地发展。这包括学习如何调整和适应新的情境、任务要求和工作流程,以及理解和管理自己的情绪和焦虑。技能掌握是指促进自闭症学生在特定领域内的技能和知识的发展。这可以通过为他们提供个性化的学习计划、使用适合他们学习风格的教学方法和工具,以及提供实践机会来实现。每一项关键能力都是基于该群体独特的学习风格和认知方式,帮助自闭症学生逐步形成适应个体终身发展和社会发展需要的品格。通过培养这些关键能力,可以帮助自闭症学生更好地适应个人发展和社会需求,并促进他们在学习、工作和生活中的成功。

四、提高站位,用全人视角看待个体发展

美国加利福尼亚大学的克林格(L. G. Klinger)和克林格(M. R. Klinger)曾调查 81 位长期参与结构化教学干预项目的 21—64 岁(平均 34 岁)自闭症成人的生活状况,发现儿童期和成年期的适应性行为(adaptive behavior)水平是预测成人时发展成果的关键指标,而症状的严重程度、智力、

语言功能的贡献反而显得次要。这一颇令人意外的结果表明,核心缺陷的长期训练未必能自然带来生活质量的改善。功能性技能,包括独立生活、金融理财、社区参与、交通、自我决定等,仍是自闭症学生十分重要的培养目标。所以,对这类群体来说,让他们拥有一个正常人应该拥有的做人的尊严,让人成为人是我们开展教育教学的终极价值定位。为此,开展自闭症教育,要采用更为整合的视角,同时兼顾学生的核心缺陷及成年后能否独立生活、继续教育和参与就业,建构"面向美好生活"的培养目标体系。

提高站位,用全人视角看待个体发展是一种强调多维度、个性化和全面发展的教育观念和实践方法。它关注自闭症学生的身心健康、社会适应和创造力等方面,以促进自闭症学生在认知、情感、社交和身体等各个层面的全面发展。同时,这种方法也有助于自闭症学生建立积极的自我认知、明确个人目标,并为未来的发展铺平道路。个体的发展涉及多个方面,包括认知、情感、社交、身体、艺术等多个维度。提高站位并采用全人视角,意味着不仅仅关注学生的学习成绩,还应综合考虑他们的身心健康、社会适应和创造力等方面的发展。通过采用多种评估方法和工具,如观察、访谈、作品集等,我们可以获取更全面的信息来了解个体的发展情况。这有助于识别和理解学生的优势、需求和潜力,并为他们提供个性化的支持和指导。教师可以根据自闭症学生的个体特点和发展需求,设计个性化的教学策略和活动。这意味着提供不同的学习选择、鼓励自主学习和探索、培养合作和沟通能力等,以促进自闭症学生全面的发展。全人视角突出了身心健康在个体发展中的重要性。教育者需要关注学生的身体健康、情绪管理和心理幸福,并提供相应的支持和资源。只有身心健康的学生才能更好地发挥其潜力和实现全面的个体发展。通过全人视角,自闭症学生被鼓励思考和评估自己的兴趣、价值观和职业目标。这有助于培养自闭症学生的自我认知能力和自主性,帮助他们确定适合自己个人需求和优势的发展方向。

参考文献

白茹.运用自然情境教学促进重度智力障碍儿童沟通行为的个案研究[D].上海:华东师范大学,2015.

北京市宣武区培智中心学校课题组,黄英.智障学生职业教育深化研究[J].中国特殊教育,2010(10):32-38.

蔡雅娟.3—6 岁自闭症儿童情绪表达的实验研究[D].北京:北京师范大学,2011.

蔡跃.德国特殊人群的双元制职业教育现状简析[J].中国职业技术教育,2010(6):33-35.

曹鹏鹏.中等职业学校校本教材的开发与应用研究[D].信阳:信阳师范学院,2018.

车小静.情境教学法在自闭症儿童语言教学中的运用[J].吉林省教育学院学报,2013,29(3):94-95.

陈慧星,马丽,邓猛.新时代我国培智学校课程的特点、困境与突破[J].中国特殊教育,2023(5):3-10.

陈金友.学业争优 就业创优——为聋生可持续发展奠定坚实基础[J].现代特殊教育,2012(10):11-14.

陈瑞英.德国特殊人群职业教育的经验对我国现代职业教育体系构建的启示[J].职教论坛,2015(30):93-96.

陈文,金玉梅.校本教材开发的乱象、原因及消解[J].教学与管理,2019(34):76-79.

陈文雄.孤独症 70 年:从 Kanner 到 DSM-V[J].临床儿科杂志,2013,31

（11）:1001-1004.

陈志铅.英国现代学徒制发展研究(20世纪60年代以来)[D].福州:福建师范大学,2020.

程虹娟,龚永辉,朱从书.青少年社会支持研究现状综述[J].健康心理学杂志,2003(5):351-353.

程宇.中国职业教育与经济发展互动效应研究[D].长春:吉林大学,2020.

楚艳霞.人力资本投资中的职业教育[J].边疆经济与文化,2008(11):127-130.

辞海编辑委员会.辞海(缩印本)[M].上海:上海辞书出版社,2014.

戴维·谢弗.社会性与人格发展[M].5版.陈会昌,等译.北京:人民邮电出版社,2012.

邓学易,郭德华,于鑫洋.大龄孤独症人士职业技能培训模式探索——以北京康纳洲雨人烘焙为例[J].残疾人研究,2015(4):64-67.

丁叶志.培智职高教育与学生就业思考[J].现代特殊教育,2017(11):58-60.

董萍,徐添喜.SEARCH项目在自闭症学生"从学校到就业"转衔中的应用与启示[J].残疾人研究,2020(4):80-88.

董奇,国卉男,沈立.多元智能视角下智障学生中职融合教育新途径[J].教育理论与实践,2018,38(18):29-31.

杜林,李伦,雷江华.美国残疾人支持性就业的发展及对我国的启示[J].中国特殊教育,2013(9):14-17.

杜威.杜威教育论著选[M].上海:华东师范大学出版社,1981.

范国睿.教育生态学[M].北京:人民教育出版社,2019.

范莉莉,方仪.残疾人现代职业教育发展策略研究[J].教育理论与实践,2019(36):22-24.

方俊明.特殊教育学[M].北京:人民教育出版社,2005.

冯志军.我国中等职业教育教材建设现状分析及政策建议——基于江苏省域中等职业教育教材建设的调研分析[J].中国职业技术教育,2019(29):5-10.

傅海贝.浅谈结构化教学在自闭症学生职业技能教育中的实践运用[J].现代特殊教育,2020(11):58-60.

傅敏.聋人高职语文校本教材的开发研究[J].语文建设,2013(3):5-7.

甘昭良.论残疾人从学校到工作过渡的模式[J].河南职业技术师范学院学报(职业教育版),2007(1):41-42.

葛华钦.农村特殊教育学校智力障碍学生职业教育的实践与思考[J].现代特殊教育,2016(8):3-7,18.

顾丽霞.工作室制教学模式在残疾人职业教育中的应用探索[J].中国成人教育,2015(20):81-82.

顾明远.教育大辞典(第三卷)[M].上海:上海教育出版社,1991.

顾然,杨雨溪.核心素养理念对残疾人职业教育影响研究[J].教育现代化,2019,6(90):281-282.

郭文斌,张梁.残疾人职业教育研究热点及发展趋势[J].残疾人研究,2018(3):57-65.

黄春麟.关于高等职业教育教材开发的几个问题[J].职业技术教育,2000(13):12-13.

黄梅.以人为本:基础教育课程改革的核心价值[J].教育发展研究,2010,30(22):79-83.

黄晓玲.校本课程学习评价的现状、特点、问题及改进[J].教学与管理,2020(6):67-70.

霍华德·加德纳.多元智能[M].致隆,译.北京:新华出版社,1999.

贾瑞玲.中职学校数学校本教材的开发研究[D].长春:东北师范大学,2019.

蒋鹏.自闭症学生职业教育创新模式研究[D].上海:华东师范大学,2017.

金碧华,杨佳楠.新加坡自闭症儿童路径教育计划及对我国的启示[J].前沿,2020(1):95-102.

匡跃辉.论生态规律[J].科学新闻,2008(15):46-48.

李斌,费艳颖.地方高校校园文化与地域文化的协同育人研究——以校本课程文化浸润为切入点[J].教育理论与实践,2021,41(30):8-12.

李芳.职业学校校本教材开发研究[D].长沙:湖南师范大学,2013.

李红.智力障碍学生社会适应能力培养途径研究[D].苏州:苏州大学,2016.

李吉林,田本娜,张定璋.小学语文情境教学与情境教育[M].济南:山东教育出版社,2003.

李黎红,郭俊峰.魅力元平——来自深圳元平特殊教育学校的报告[J].现代特殊教育,2006(12):4-16.

李倩雯,唐建荣.新加坡自闭症特殊学校课程设置研究——以新光学校为例[J].教育观察,2020,9(3):95-97.

李强.社会支持与个体心理健康[J].天津社会科学,1998(1):3-5.

李尚卫,沈有禄.我国特殊职业教育发展战略:回顾与展望[J].中国职业技术教育,2019(16):37-43.

李雯钰,罗筑华.我国残疾人职业教育政策的历史透视、逻辑探寻与改进空间[J].残疾人研究,2022(2):63-71.

李艳.国外自闭症谱系障碍者职业技能干预述评[J].现代特殊教育,2017(10):62-70.

李义锋.中职学校校本教材开发的策略探析[J].中国职业技术教育,2018(35):94-96.

李园林,杨执潮,邓猛,等.培智课堂教学评价价值取向刍议[J].中国特殊教育,2020(5):28-32.

李运亭.解读压力[J].企业研究,2003(11):49-51.

联合国教科文组织国际教育发展委员会.学会生存——教育世界的今天和明天[M].华东师范大学比较教育研究所,译.上海:上海译文出版社,1982.

梁君林.基于社会支持理论的社会保障再认识[J].苏州大学学报(哲学社会科学版),2013,34(1):42-48.

林佳萱.逆境中的微笑——一位多重障碍儿童母亲的转化经验[D].高雄:高雄师范大学,2016.

林顺利,孟亚男.国内弱势群体社会支持研究述评[J].甘肃社会科学,2010

(1):132-135,156.

刘立新.工业4.0背景下德国职业教育4.0发展述评及启示——基于德国联邦政府《2017年职业教育报告》[J].中国职业技术教育,2017(18):5-12.

刘育锋.英国学位学徒制:内容、原因及借鉴[J].中国职业技术教育,2020(36):58-64.

陆文深,马金晶.课标背景下我国特殊教育学校教材研究的回顾与展望[J].绥化学院学报,2021,41(10):138-142.

欧阳鑫.特殊教育职业课程美术校本教材的开发与研究[D].桂林:广西师范大学,2016.

蒲云欢.自闭症青少年工作态度与工作技能的干预研究[D].重庆:重庆师范大学,2018.

钱明.残疾人高等职业教育数学教材开发的探索[J].湖北函授大学学报,2015,28(12):126-127.

秦铭培,任桂琴,杜增敏,等.自闭症谱系障碍者心理理论的研究进展[J].中国特殊教育,2020(2):49-56.

全桂红,苏晓平,郭天旻.智障学生初级职业教育学校烹饪专业课校本教材开发的实践研究[J].中国特殊教育,2012(11):25-29,35.

任可雨,冯维.台湾地区高职阶段智力障碍学生就业转衔及启示[J].绥化学院学报,2016,36(7):54-57.

桑标.应用发展心理学[M].杭州:浙江教育出版社,2008.

佘万斌.残疾人职业教育"三因"模式探析——基于四川特殊教育学校残疾人职业教育的观察[J].成人教育,2014,34(3):49-51.

深圳市自闭症研究会.中国自闭症人士服务现状调查·华南地区[M].北京:华夏出版社,2013.

史吉海.多元智能理论对培智学校职业教育工作的启示[J].中国特殊教育,2013(1):34-36,41.

苏敏.社会生态系统视角下自闭症者支持性就业分析——以深圳市自闭症者就业为例[J].智库时代,2018(36):284-286.

孙成雯.情境教学法与自闭症儿童社会交往课程[J].现代特殊教育,2015(Z1):20-22.

孙建春,王琳琳.丰富残疾人职业培训内涵[J].中国残疾人,2011(3):42-43.

王纯纯,陈建军.行为技能训练应用于自闭症谱系障碍者职业技能干预的研究述评[J].中国特殊教育,2021(9):40-46.

王欢.就业背景下对智障学生职业教育课程设置与实施的研究[J].中国电力教育,2014(12):117-118.

王玲.基于社会支持理论视角的听障大学生就业指导问题初探[J].绥化学院学报,2014,34(10):10-13.

王梅,张俊芝.孤独症儿童的教育与康复训练[M].北京:华夏出版社,2007.

王晓柳,邱学青.特殊教育研究方法[M].南京:南京师范大学出版社,1998.

王扬南.新时代新要求、新目标新行动 职业教育改革发展迈入新阶段[J].中国职业技术教育,2019(7):5-8.

王跃然.马克思主义创新理论与实践研究[D].哈尔滨:哈尔滨师范大学,2017.

魏寿洪,张文京.自然情境教学在自闭症儿童沟通教学中的应用[J].现代特殊教育,2007(10):28.

吴玉华,司莉.自闭症儿童职业教育的创新研究[J].现代特殊教育,2019(11):54-59.

吴忠良,肖非.社会资源整合:推进残疾人支持性就业的关键[J].学术交流,2018(5):118-124.

五彩鹿儿童行为矫正中心.中国自闭症教育康复行业发展状况报告[M].北京:北京师范大学出版社,2015.

武伟.智力障碍学生职业教育模式研究——以Q校中西面点＋秦淮小吃专业"双业一体"为例[D].西安:陕西师范大学,2020.

习近平.高举中国特色社会主义伟大旗帜为全面建设社会主义现代化国家而团结奋斗——在中国共产党第二十次全国代表大会的报告[M].北京:人民出版社,2022.

肖非,刘全礼.智力落后教育的理论与实践[M].北京:华夏出版社,1993.

肖水源.《社会支持评定量表》的理论基础与研究应用[J].临床精神医学杂志,1994(2):98-100.

谢建社,彭焕城.生态系统视野下的残疾人支持性就业探析——以广州 S 街道为例[J].残疾人研究,2017(1):61-67.

熊絮茸,孙玉梅.自闭症儿童融合教育现状调查、困境分析及家庭参与的探索[J].内蒙古师范大学学报(教育科学版),2014,27(4):54-58.

徐赛华,王得义.以职业岗位为导向,构建残疾人高等职业教育课程体系[J].大家,2012(6):329.

徐添喜,邓灵奇.视频提示技术在自闭症学生职业教育中的应用研究[J].中国特殊教育,2022(1):83-90.

徐添喜,张春宇,丁艳丽.国外自闭症谱系障碍学生就业转衔的相关研究及启示[J].现代特殊教育,2020(12):39-45.

许传新,王平.高校贫困生的社会支持因素分析[J].社会,2002(7):15-17.

许家成.残疾人职业教育的准备式和支持式模式[J].中国特殊教育,1998(2):34-38.

许世华,曹军,谭会恒.关于校本教材建设的几点思考[J].高教论坛,2012(3):49-51.

颜景庚,李晓虹.构建残疾人职业技能培训社会支持体系的研究——基于济南市残疾人职业技能培训实践的探索[J].中国成人教育,2018(6):87-91.

杨超茹,魏泽园,狄邢辰,等.构建多元化校本课程体系,努力给每一位孩子提供适合的高质量的教育——对话山东省淄博市博山区特殊教育中心学校校长尹连春[J].现代特殊教育,2021(21):6-8.

杨福.生态化教育模式在自闭症儿童学校教育干预中的探索与思考[J].现代特殊教育,2018(5):72-74.

杨红玲.市场需求导向下职业教育产教融合育人机制的重构[J].职教论坛,2020,36(10):140-145.

杨克瑞.残疾人职业教育的中国模式与创新思考[J].中国职业技术教育,2022(4):39-45.

杨丽波.职业教育社会伙伴关系研究[D].上海:华东师范大学,2012.

尤娜,杨广学.自闭症的结构化交际训练:TEACCH方案的考察[J].中国特殊教育,2008(6):47-51.

于文文.美国俄亥俄州自闭症学生就业转衔的实践与启示[J].现代特殊教育,2015(16):17-22.

俞林亚.近十年发展性障碍学生职业教育研究综述[J].现代特殊教育,2022(1):55-59.

雨田.南京加快推进特殊教育学业就业"双业一体"培养模式[J].现代特殊教育,2012(6):22.

袁春平,范蔚.关于校本教材建设的思考[J].教学与管理,2007(12):21-22.

曾天山.教材论[M].南昌:江西教育出版社,1997.

张宝升.中职学校校本教材开发研究[D].长沙:湖南师范大学,2015.

张春宇.自闭症学生就业转衔历程中利益相关者角色研究[D].武汉:华中师范大学,2021.

张德生.智障学生多元化职业教育课程模式探讨[J].现代特殊教育,2012(9):30-32.

张瀚文.培智学校职业教育与学生就业问题的研究[J].劳动保障世界,2019(21):20-21,23.

张惠典,陈欣.澳大利亚TAFE模式及其对我国职业教育改革的启示[J].今日科苑,2021(10):59-70.

张慧.培智学校"双业一体"课程模式的实践建构[J].现代特殊教育,2019(23):65-67.

张晶.智障学生职业教育校本课程开发与实施研究[D].武汉:华中师范大学,2015.

张润珊,陈奔.自闭症学生职业教育的创新模式及实施策略研究[J].现代特殊教育,2018(6):1-5.

张太宇,郭美洪.新发展理念背景下职业教育质量观的构建路径[J].教育理论与实践,2021(33):25-27.

张万丰,王园春,刘圆,等.视频示范教学法在自闭症谱系障碍者职业技能训练中的应用[J].现代特殊教育,2021(4):75-80.

张蔚然,石伟平.如何发展残疾人职业教育——美国社区学院的经验与启示[J].中国职业技术教育,2019(22):68-75,92.

张晓丹,骆中慧.基于生涯发展理论的培智学校职业启蒙教育探讨[J].现代特殊教育,2017(6):43-46.

张旭梅.中职数学校本教材的开发[D].上海:上海师范大学,2009.

赵斌,陈鸿宇,高源.发展高质量残疾人职业教育:我国特殊教育未来工作重点之一——基于28省"十四五"特殊教育发展提升行动计划的政策分析[J].中国特殊教育,2023(4):3-9.

赵菊.支持式职业教育背景下智力障碍学生就业问题研究[D].大连:辽宁师范大学,2015.

赵天宇.内蒙古残疾人就业存在问题及对策研究[D].呼和浩特:内蒙古师范大学,2020.

郑金洲."走向校本"[J].教育理论与实践,2000(6):11-14.

郑晓安,柳金菊,徐睿,等.大龄自闭症儿童社区沟通训练的研究——以W市"美好家园"为例[J].现代特殊教育,2015(14):52-57.

郑志江.中职学校数学课程校本教材编写研究[D].武汉:华中师范大学,2011.

中国大百科全书出版社编辑部.教育(第三卷)[M].北京:中国大百科全书出版社,1985.

周海霞.基于实训导师视角浅谈中职学生职业素养的培养实践[J].职业教育(中旬刊),2020,19(6):22-24.

周锦年.论当代中国高等职业教育发展的新趋势[J].高教学刊,2021(19):193-196.

周梦,邢志敏.浅析我国职业教育发展的经费状况及对策[J].当代教育论坛

（宏观教育研究），2007（4）：113-115.

周荣亚，姜东亮，祝和意，等. 美国社区学院残疾人职业教育经验及启示——
　　以圣塔莫妮卡社区学院为例［J］. 科教文汇，2021（9）：115-117.

周旭东，姚俊，傅海贝. 有效开展职业教育，为自闭症学生终身发展赋能——
　　浙江省宁波市达敏学校的实践探索［J］. 现代特殊教育，2020（5）：13-16.

周勇，刘冰. 国际局势变化视域下我国高等职业教育的机遇、挑战和应然路径
　　［J］. 教育与职业，2022（1）：47-52.

朱健刚，严国威. 从庇护性就业到支持性就业——对广东省残疾人工作整合
　　型社会企业的多个案研究［J］. 残疾人研究，2019（1）：48-57.

American Psychiatric Association. The diagnostic and statisticalmanual of
　　mental disorders［M］. 3rd. ed. Washington D C：American Psychiatric
　　Publishing，Inc，1980.

Alverson C Y，Yamamoto S H. VR employment outcomes of individuals
　　with autism spectrum disorders：A decade in the making［J］. Journal of
　　Autism and Developmental Disorders，2018，48（1）：151-162.

Asperger H. Die Autistiischen Psychopathen in Kindesalter［J］. Archivfur
　　Psychiatric and Nervenkrankhriten，1994（117）：76-136.

Barrera M，Ainlay S L. The structure of social support：A conceptual and
　　empirical analysis［J］. Journal of Community Psychology，1983，11
　　（2）：133-143.

Bock M A. SODA Strategy enhancing the social interaction skills of
　　youngsters with Asperger Syndrome［J］. Intervention in School and
　　Clinic，2001，36（5）：272-278.

Cheak-Zamora N C，Teti M，First J. Transitions are scary for our kids，and
　　they are scary for us：Familymember and youth perspectives on the
　　challenges of transitioning to adulthood with autism［J］. Journal of
　　Applied Research Intellectual Disabilities，2015，28（6）：548-560.

Chiang H，Cheung Y，& Li H. Factors associated with participation in employment for high schoolleavers with autism[J]. Journal of Autism and Developmental Disorders, 2013, 43(8): 1832-1842.

Cimera R E, Burgess S, Wiley A. Does providing transition services early enable students with ASD to achieve better vocational outcomes as adults? [J]. Research and Practice for Persons with Severe Disabilities, 2013,38(2):88-93.

Cimera R E. Does being in sheltered workshops improve the employment outcomes of supported employees with intellectual disabilities [J]. Journal of Vocational Rehabilitation, 2011(5): 21-27.

Cobb S. Presidential Address-1976. Social support as a moderator of life stress[J]. Psychosomatic Medicine, 1976, 38(5): 300-314.

Cockrill A, Scott P. Vocational education and training in Germany: Trends and issues[J]. Journal of Vocational Education and Training, 1997, 49 (3): 337-350.

Cohen S, Wills T A. Stress, social support, and the buffering hypothesis [J]. Psychological Bulletin, 1985,98(2): 310-357.

Cornish D. Deaf to indigenous children's needs: Better hearing would make a big difference to the lives of indigenous Australians[J]. Policy, 2011, 27(2): 20-22.

Dyde W F. Public Secondary Education in Canada [M]. Reston: AMS Press,1972.

Flynn L & Healy O. A review of treatments for deficits in social skills and self help skills in autismspectrum disorder[J]. Research in Autism Spectrum Disorders, 2012(6): 431-441.

Fortin D. Exploring social work in Italy: The case of university training of "Social health educators"[J]. Social Work Education, 2013, 32(1): 17-38.

Fürstenau B, Pilz M, & Gonon P. The Dual System of Vocational

Education and Training in Germany—What Can Be Learnt about Education for (Other) Professions [M]. New York: Springer International Handbooks of Education, 2014.

Gerde H K, Foster T D, & Burrello L C. Building vocational and life skills in secondary students with autism spectrum disorder: The ASD Nest program model[J]. Journal of Autism and Developmental Disorders, 2017(16): 1281-1293.

Herkner V. Grundzüge der Genese und Entwicklung einer korporatistischen Ordnung on Ausbildungsberufen [J]. Berufsbildung in Wissenschaft und Praxis, 2013, 42(3): 16-19.

Hummelsheim S & Baur M. The German dual system of initial vocational education and training and its potential for transfer to Asia [J]. Prospects, 2014, 44(2): 279-296.

James R. Examining the exclusion of employees with Asperger Syndrome from the workplace[J]. Personnel Review, 2012(41): 630-646.

Jonathan R H Tudge, Mokrova I, Bridget E Hatfield, Rachana B Karnik. Uses and misuses of Bronfenbrenner's Bioecological Theory of human development[J]. Journal of Family Theory & Review, 2009, 1(4): 198-210.

Kahn R L, Quinn R P. Mental health: Social support and metropolitan problems[D]. Michigan: University of Michigan, 1976.

Kaiser A P, Ostrosky M M, & Alpert C L. Training teachers to use environmental arrangement and milieu teaching with nonvocal preschool children [J]. Journal of the Association for Persons with Severe Handicaps, 1993, 18(3): 188-199.

Kanner L. Autistic disturbances of affective contact[J]. Nervous Child, 1943(2): 217-250.

Karen D. No child left behind?: Sociology ignored! [M]//Alan R,

Jennifer A, George W, et al. No Child Left Behind and the Reduction of the Achievement Gap. New York: Routledge, 2013.

Kenny W R,Groiclucschen A D. Making the case for case study [J]. Joural of Curriculum Studies, 1984(16): 37-51.

Kheirbek M A, Klemenhagen K C, Sahay A, & Hen R. Neurogenesis and generalization: A newapproach to stratify and treat anxiety disorders [J]. Nat Neurosci, 2012,15(12): 1613-1620.

Kondo T, Takahashi T, & Shirasawa M. Recent progress and future challenges in disability student services in Japan [J]. Journal of Postsecondary. Education and Disability, 2015, 28(4): 421-431.

Lal R, Shahane A. TEACCH intervention for autism[J]. Autism Spectrum Disorders: From Genes to Environment, 2011(9): 168-192.

Nagle Katherine, Newman Lynn A, Shaver Debra M, Marschark Marc. College and career readiness: Course taking of deaf and hard of hearing secondary school students[J]. American Annals of the Deaf, 2016, 160 (5):467-482.

Pence A R. Ecological Research with Children and Families: From Concepts to Methodology [M]. New York: Teachers College Press, 1988.

Pennington R, Delano M, & Scott R. Improving cover letter writing skills of individuals with intellectual disabilities [J]. Journal of Applied Behavior Analysis, 2014(47): 1-5.

Prizant B M. Brief report: Communication, language social and emotional development[J]. Journal of Autism and Developmental Disorders, 1996, 26(2): 173-178.

Rimland B. Infantile Autism: The Syndrome and Its Implications of A Neural Theory of Behavior [M]. New York: Appleton-Century Crofts, 1964.

Robert L. Koegel，Lynn Kern Koegel. 自闭症的实证干预——关键反应训练
　　［M］.赵雪莲，译.北京：中国轻工业出版社，2020.

Rutter M，Schopler E. Diagnosis and Definition，Autism：A Reappraisal of
　　Concepts and Treatment［M］. New York：Plenum，1978.

Seifert K H. Improving prediction of career adjustment with measures of
　　career development［J］. The Career Development Quarterly，1994，42
　　（4）：353-366.

Shattuck P T，Narendorf S C，Cooper B，et al. Postsecondary education
　　and employment among youth with an autism spectrum disorder［J］.
　　Pediatrics，2012，129(6)：1042-1049.

Shi X，Chen J. An innovative vocational education model for individuals
　　with autism spectrum disorders：A case study in China［J］.
　　International Journal of Environmental Research and Public Health，
　　2018，15(5)：595-603.

Smith E. A review of twenty years of competency-based training in the
　　australian vocational education and training system［J］. International
　　Journal of Training and Development，2010，14(1)：54-64.

Solga H，Protsch P，Ebner C，et al. The German vocational education and
　　training system：Its institutional configuration，strengths，and
　　challenges［R］. Berlin：WZB Discussion Paper，2014(502)：1-28.

Stichter J P，Randolph J，Gega N，et al. A review of recommended social
　　competency programs for students with autism spectrum disorders［J］.
　　Exceptionality，2007(4)：219-232.

Taylor J L，Seltzer M M. Lifelong involvement in activities and
　　opportunities：Perspectives of adults with autism spectrum disorder
　　［J］. Autism，2019，24(2)：237-248.

Taylor S E. Health Psychology［M］. Boston：McGraw-Hill，2003.

Terri Seddon，Stephen Billett，Clemans Allie. Politics of social partnerships: A framework for theorizing[J]. Journal of Education Policy, 2004, 19(2): 123-142.

United Nations. Convention on the rights of persons with disabilities[J]. Journal of Autism and Developmental Disorders, 2008(1): 203-226.

Van Laarhoven T, Johnson J W, Van Laarhoven-Myers T, Grider K L, & Rieth S R. The effects of a video prompting and fading intervention package on independent completion of academic tasks by students with autism spectrum disorder[J]. Journal of Applied Behavior Analysis, 2014,47(3):740-755.

Westbrook J D, Nye C, Fong C J, et al. Adult employment assistance services for persons with autism spectrum disorders: Effects on employment outcomes[J]. Campbell Systematic Reviews, 2012, 8(1): 1-68.

Zhang Y, Zhao Y. Vocational education and employment for autistic individuals in China: Current status, challenges, and future directions [J]. Frontiers in Psychology, 2020(11): 628.

跋

　　时光如梭,秦淮特校自 2012 年正式开办面向大龄残障学生的中等职业教育以来,已帮助 70 余名毕业生走上就业岗位,实现自食其力,其中包含近 20 名自闭症学生。

　　在中标国家社会科学基金教育学一般课题"共享发展理念下自闭症学生职业教育的创新研究"(BHA180230)之际,我系统地回顾了秦淮特校十余年来在自闭症学生职业教育领域所进行的创新实践与研究的历程。秦淮特校虽然在自闭症学生职业教育领域的探寻充满了艰辛与困难,但学生走上工作岗位后的出色表现、社会用人单位对学生职业能力的高度评价,为更多自闭症学生展现了生命的潜能和可能,进一步坚定了我们持续进行自闭症职业教育探索的信心。

　　《自闭症学生职业教育创新实践研究》凝聚着秦淮特校几代特教人的心血,是他们在自闭症职业教育领域的宝贵经验总结,当我将其作为国家课题结项成果提交后,一直怀着惴惴不安的心情等待结项结果,今年春天,终于从全国教育规划办传来好消息:我主持的这个国家项目顺利结项。初闻此讯,我不禁潸然泪下,一方面,为自己多年的坚守与创新探索;另一方面,为我校全体师生在自闭症职业教育领域十多年的艰苦不懈努力。其间各种的辛酸、喜悦、泪水与欢笑,只有身在其中才会感悟至深。

　　本书是在诸多指导专家和课题组全体成员共同努力下所取得的研究成果。我校董盼、李岚、王维丽、王砾、俞蓉、戴羚雪、程一鸣、王敏、杜梦雨等老师在书稿的文献检索、研究材料整理等方面付出了辛勤劳动,在此表示衷心的感谢!

本书的出版离不开浙江大学出版社吴伟伟编辑、蔡圆圆老师的辛勤付出,在此向你们致以诚挚的谢意!

虽然我承担的国家项目结项了,但是我和秦淮特校对于自闭症职业教育的探寻不会因此而停止,恳请各位专家和自闭症职业教育领域的工作者审阅过本书后,能够开诚布公地指出不足,帮助我今后对本书内容进行更全面、系统地修改,也帮助秦淮特校今后能更高质量地开展自闭症学生职业教育。

张　慧

记于南京市秦淮特殊教育学校

2024 年 5 月 8 日